徒步旅行指南

【法】埃里克·沙龙　著　柳玉刚　译

上海科学技术文献出版社

目 录

徒 步 旅 行

有益于大脑的运动

徒步是一种耐力运动。人们可通过经常性运动来锻炼耐力。这样，就可以轻松地徒步旅游。

一些旅行社专门组织徒步旅游，在其宣传册中提出了实用性建议，提醒徒步者要具备一定的身体条件。

在此基础上，如果您偶尔进行体育锻炼，您可在比较平坦的地区每天步行 3 至 5 小时。

如果您经常从事体育运动，比如每周两次网球训练，周末打一场比赛，那么，对于您来说，徒步 6 至 8 小时毫无问题。

如果您从事专门的耐力训练，比如每周几次在上坡路段跑步，或骑自行车长途跋涉，或远距离滑雪，那么，您就可以进行多日徒步旅行，在地势落差达到或大于 1 000 米的山区每天轻松地步行 10 至 15 小时。

体能锻炼可以改善人的行走节奏，即不间歇地更快和/或更长时间地行走。

节奏与呼吸

每个徒步者都有自己的步频，这种节奏可以通过训练得到改善。一些徒步者疾步如飞，其他人碎步小跑才不至于落伍。另一些徒步者虽然行走速度很快，但他们却具有这种超凡的能力，使您可以在跟随他们的过程中得到锻炼。

每个徒步者都按照自己的节奏行走，徒步者团队经常需要稍作停顿，以等待落伍者。前方出现岔路时更是如此。

不要忘记让赶上来的落伍者稍事休息，以免过度疲劳，使朋友间本来美好的时光变成可怕的回忆……

行走时不要气喘吁吁。行进速度是否适当，以同伴间能够交谈为准。否则，应减慢速度。如前所言，徒步是一种耐力运动。成年人每分钟心跳不能超过 140 次。否则，人体将出现抵抗，肌肉会产生大量乳酸，并迅速失去力量。

呼吸困难

上坡时，如欲赶上训练有素的同伴，您可能步频失调，导致呼吸困难。

此时，您应停下脚步，稍事休息，少量饮水，可趁机欣赏一下周边的美景。但不要坐下，因为背负行囊重新站起会耗费更多体力。可休息到心跳恢复正常节奏为止。

为等待落后的同伴，可长时间休息，也可吃些小点心。此间，您可以放下背包。每小时可休息几分钟，但时间不宜过长，不能超过行走的时间。

呼吸困难时，人会自动改用口腔来呼吸，通过吸入更多空气来满足身体器官对氧气的大量需求。这是一种本能反应，通常发生在那些长时间坐姿工作的人身上。这不是一种好习惯，徒步锻炼可以轻松地将其改正。

通过鼻腔深呼吸通常是最有效的呼吸方式。从事瑜伽运动的人谙熟此道。远距离滑雪比赛中，从海拔 1 700 米开始，运动员便会感受到海拔高度对呼吸能力的考验。对于普通徒步者，呼吸困难首先出现在海拔 2 500 米左右。放慢脚步才能缓解呼吸困难。

在高海拔地带，身体不适最初表现为恶心和头痛，通常称作“高山反应”。此时，必须停止前进，立刻下山。否则，可能出现更加严重的并发症。所幸的是，欧洲的高海拔山区都是专业登山运动员的活动场所，徒步旅行者很少涉足。因此，关于高山反应的问题我们将在旅游的章节里加以介绍。

上山与下山

与骑自行车一样，步行者使用好几种齿轮传动比。在平地上，步行者以脚跟先着地的方式行走。当路上出现岩石时，步行者则脚掌先着地，以获得有效的推进力。

骑自行车上坡时改用小齿轮，徒步上山也应小步前进。可加快步频以加快行进速度。每走一步，步行者都要撑起身体和装备的重量。小步行走比大步行走更省力。因此，遇高坡时，之字形攀登，循序渐进，远比大跨步翻越更加省力。

下陡坡时，应小心选择落脚点。可踩在石块或树根上，然后轻轻移动身体重心，以减轻足部的压力。下山非常需要大腿肌肉的力量。

下缓坡时，步行者可脚掌平行着地，信步而下。若地面较平坦，还可小跑，但须控制好速度。

上山小步攀登

下山拉好缰绳

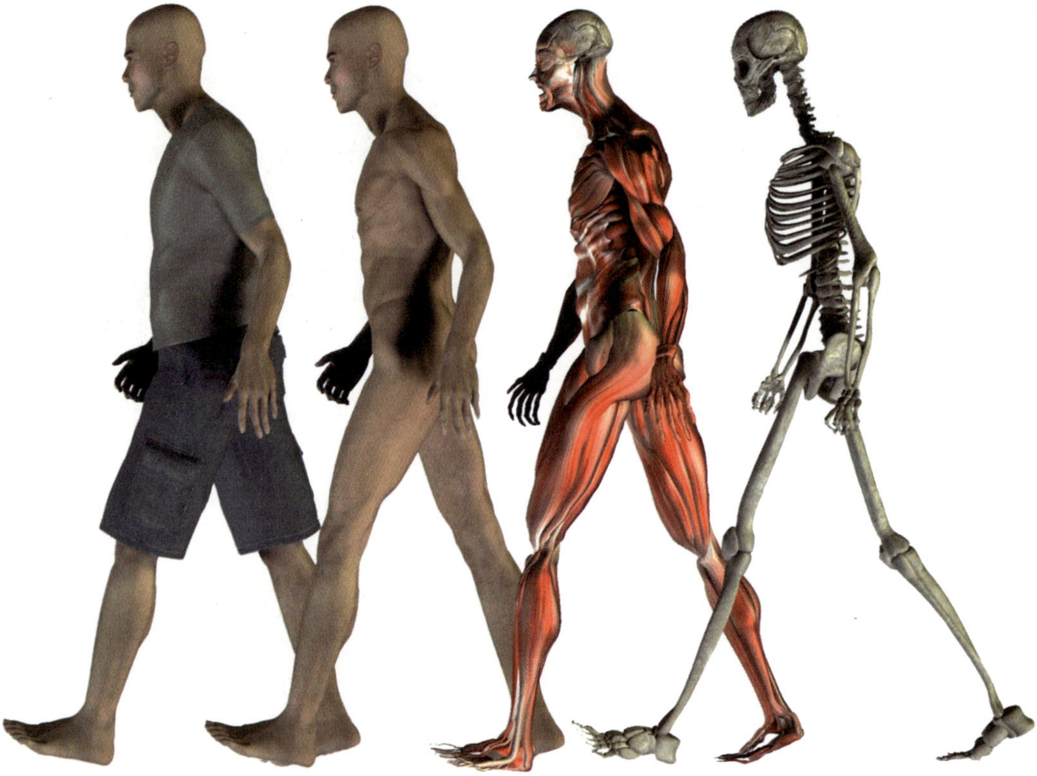

千里之行始于足下

近年来，徒步者中开始流行使用手杖，手臂和上肢也加入到推动力的行列。尽管如此，人的两腿仍然是行走的第一工具。然而，只要稍微留意便不难发现，给手杖包上铁头，手杖杆刻上度假村的名字，此种做法早已有之。

腿部的两条主要肌肉称为结抗肌，分别叫做屈肌和伸肌，其作用截然相反。正如其名所言，伸肌用来伸展两腿。上坡时，小腿的两对腓肠肌和大腿粗大的四头肌（股直肌、股内肌、股外肌和半腱肌）起主要作用。下坡时，它们起到减速作用。

徒步需要这些肌肉的运动，也使这些肌肉得到了锻炼。

徒步也需要腿部关节，特别是膝关节的运动。韧带是膝关节周围起固定作用的组织，徒步可增强韧带的能力。大腿肌肉，特别是四头肌，也起相同作用。那些膝关节薄弱的人需要锻炼这些部位。

为增强膝关节韧带的能力，可在凸凹不平的地面上行走，并尽力保持平衡。

半月板是两块新月状软骨，位于胫骨上方。在常年负重行走者中，由于外力冲击，半月板可能受到损害。为预防半月板损伤，下坡时可使用手杖，让手臂分担腿部的受力。

两脚

徒步者的两脚既构成了与地面的联系，又是推进力的第一工具。在平坦的地面，徒步者的脚跟先着地，脚外侧随后着地，大脚趾弯曲。趾骨与胫骨间有一条肌肉相连，这条肌肉收缩造成了这种弯曲。大脚趾完成推进过程，保持肌肉的平衡。

屈肌和伸肌在足弓下交汇。徒步者微弯大腿，压平足弓，迈出一步。屈肌和足弓所受压力带来大腿伸肌的反作用力，使徒步者向前运动。

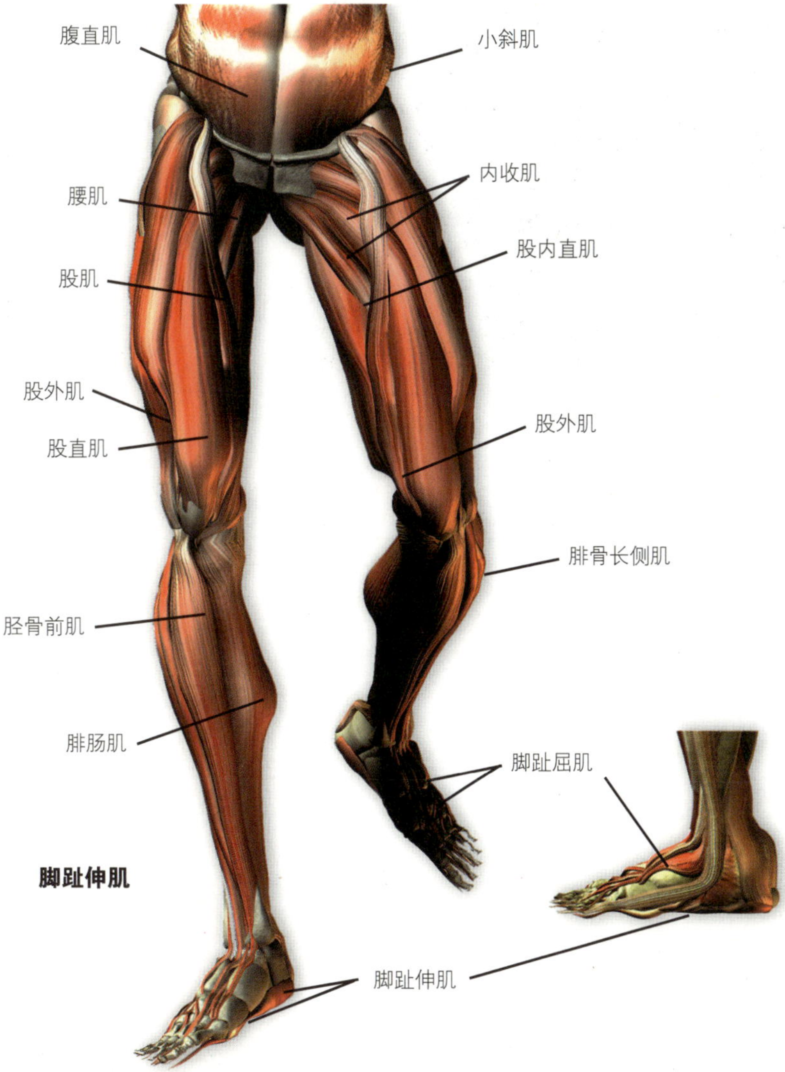

在凹凸不平的地面上，譬如走在树干上或踩着石块过河，徒步者须保持平衡。

在此情况下，徒步者的足弓首先着地。屈肌和伸肌将此压力传递给肌肉系统。肌肉系统协调身体各部位，以保持站立状态。

在此种地面行走，建议您穿矮跟的徒步鞋。

这种鞋跟可以使足底完全踩在障碍物上，避免滑倒。洞穴专家常穿胶靴攀岩，其原因除附着力之外，更主要的是这种胶靴有鞋跟。

徒步者须解决的另一个问题是下坡。

首先，我们需要了解身体平衡的基本规则，即身体重心保持在肚脐之下。

两个足底构成“支撑面”。若身体重心不在此支撑面之上，身体便失去平衡。

下坡时，如脚跟先着地，重心在后，由臀部支撑身体的重量，则不易保持身体平衡。

因此，下坡时应足底着地，弯曲两腿，使骨盆与两脚位于一条线上。使用手杖可增加支撑面积，两脚与手杖的支撑点构成四边形。

如背负沉重的行囊，为减轻下坡的压力，可身体前倾，把手杖支撑在身前较远的位置。

足部的保护非常重要。徒步前应仔细修剪趾甲。趾甲过长，下坡时易受到鞋前部挤压，痛苦难当，甚至耽误行程。

此种挤压可造成趾甲脱落和水肿。

长休时，可脱下鞋袜，并取出鞋垫晾晒。如地面适合，可赤脚行走几步，使两脚得到放松。

晾晒鞋垫可避免脚底打泡，抑制霉菌生长或产生臭味！最后，如条件允许，晚上可洗脚并擦干。

如身体重心不在支撑面之上，身体便失去平衡。

饮水

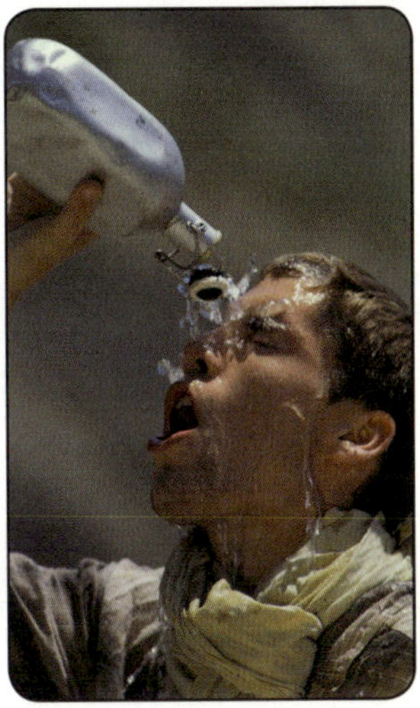

人体的60%为水。休息时，人体每天消耗2至3升水，可通过饮水和日常食物补偿。运动时，身体发热，出汗可散发多余的热量。因此，我们的身体会失去几升水，若不补偿，则可出现脱水现象。事实上，不论多少，水分缺失都可影响体能。1%的水分缺失可造成体能下降10%。脱水可造成抽筋、腱炎和肌肉酸痛。

严重脱水可造成血液黏稠，加重心脏负担，由此带来生命危险。由于毛细血管难以给身体器官提供水分，缺氧使身体器官难以排除毒素。

正确地饮水可给身体降温，还可预防中暑。为避免脱水，徒步前、徒步期间和徒步后，应经常性地少量饮水。

几种偏见

酒精不会使身体升温。啤酒并非理想的补水饮料……

尽管许多专业运动员和大公司赞助商大肆宣传，但苏打水之类的含糖发泡饮料非但不能给人的肌肉补碳，还可对身体造成损害。

咖啡和茶都有利尿作用，不宜过量饮用。尽管如此，不必遏制个人爱好。虽然清水是最佳饮料，但其他饮料，譬如果汁、糖浆、茶水、可口可乐或啤酒，只要不长期饮用，不会对身体构成危害。晚餐喝汤大有益处，除汤里含有的水分外，还可补给白天运动中因出汗而损失的矿物盐。天冷时，饮一杯保温瓶里的热药茶也是很好的补给方法。

每当经过水源时，一定要将水壶灌满。但自然界的水源并非都得到监控，水质难以得到保证。因此，应进行必要的过滤和消毒。

脱水的征兆

- 口渴：当感到口渴时，已经出现了脱水。
- 心跳速度加快。
- 体能下降，伴有肌肉酸痛、抽筋、呼吸困难、两腿发沉、感觉疲劳……
- 尿色变深。

食物

食物是人类获得和恢复体能的主要能源。虽然这个道理众所周知，但有必要加以强调！

我们应对徒步运动的能量补给有所了解。营养学家把人体所需的能量称为千卡（kcl）。人运动时，大约需要 3 000 千卡 / 天，如果在寒冷的天气中徒步运动，则需 4 000 千卡 / 天。这些能量的摄取来自于一天的食物，甚至前一天的食物。

葡萄糖	100
棍子面包	95
炸薯条	82
华夫饼干	81
白面包	80
玉米片	79
菜、豆泥	77
蛋奶星星	77
苏打水	72
白糖	72
薯片	70
巧克力	70
面包干	68
果酱	66
花式面包	66
甜瓜	65
粗粒面粉	65
菠萝	64
香蕉	63
胡萝卜	61
白米	61
葡萄	61
白面食	57
谷物	54
麸皮面包	49
糙米	41
豌豆	41
橙子	41
李子	39
苹果	38
柚子	26
熟扁豆	22
蔬菜	15以下

食物血糖指数。该指数与人体器官对各种碳水化合物的吸收速度相一致。

根据营养的化学结构，营养学家把食物分为三类：

1. 蛋白质 构成我们的细胞，换言之，恰如构建我们人体的砖块。

消化 1 克蛋白质可产生 4 千卡热量。

蛋白质主要存在于肉、鱼、鸡蛋、某些豆类（青豆、黄豆、扁豆）和干果中。

2. 脂肪类 主要存在于含脂肪的食品（黄油、油、干果、奶制品）中。脂肪可以储存，当人体器官需要时，可以从中汲取。如果这种储存未被利用，人体显然会发胖。

消化 1 克脂肪可产生 9 千卡热量。这种能量主要用于抗寒。

3. 碳水化合物（糖类） 是人体的燃料。消化 1 克碳水化合物可产生 4 千卡热量。碳水化合物分为两类：

块糖，如白糖、巧克力、果糖或蜂蜜。当人体感到饥饿或乏力时，它们被人体器官快速吸收，可立刻产生人体所需的能量。

然而，如果这些碳水化合物没有被消耗，人体细胞便将其转化为脂肪！

由于儿童偏爱甜食，往往形成食物依赖（如同毒品，最终无法戒除）。因此，食品工业中大量使用的糖类是肥胖症的罪魁祸首。

糖是人体器官的出色燃料，主要存在于麦片、面食、大米、面包、粗粒面粉中。它们可以原状储存，给人体长时间提供能量。

可在徒步的前一天或更早时间大量储存糖类。与朋友共享“意大利面条”，既可增进友谊，又能为徒步提供能量。

同理，大量运动后，应注意补充消耗的能量。

除这些主要的食物种类外，人体器官的正常运转还需要另一些营养。首先是维生素，新鲜水果和蔬菜中含有大量维生素。

若进行多日徒步旅游，还需以维生素片代替水果和蔬菜。如徒步者主要摄取的为脱水食物，应注意胃肠蠕动的质量。超过 5 天以上的便秘可能对身体带来危险。食物结构应包含饼干或含纤维的谷物。

矿物盐也是人体必不可少的。

矿物盐随着出汗大量损失。

可通过烹调用袋装汤料、浓汤块和新鲜食品获得补偿。

除纯营养学角度的考虑外，还应保持对食物的胃口。

在困难条件下，一顿丰盛的美餐或野餐也能振奋精神，面对挑战。

因此，在可能的情况下，食物应多样化，还要带上一些巧克力或酸黄瓜，再配上火腿片，用餐将会其乐融融。

为什么不带上前一天烤制的小蛋糕呢，休息时食用会让其他同伴垂涎欲滴……

除纯营养学角度的考虑外，还应保持对食物的胃口。

菜单样板

数小时的徒步

徒步中唯一的现实问题就是饥饿，自行车运动员称之为“饿得慌”。这是一种突发性疲劳，使徒步者无法继续前进。

通常情况下，如徒步者出发前正确进食，此类问题便不会发生。但在雪道上，由于寒冷，雪道养护员经常发现濒于昏迷的滑雪者。经过简单诊断，发现他们通常未进早餐。为避免此种饥饿，可吃些快糖：几块饼干、一个水果、一块水果面点、一块巧克力和一点面包……

士力架常被认为是一种“高能量食物”，美味诱人。但除过分包装之外，它们还含有大量快糖。

人们稍加比较便会发现，士力架的热量为 100 克，而一包饼干也能提供相同的热量，而每千克价格却便宜很多。混装饼干里面有甜味和咸味的干果（花生、杏仁、葡萄干……）。

背包中不要忘记水壶和保温瓶。

一日徒步的野餐

对于许多人来说，野餐是徒步活动能否成功的要素，有时甚至成为唯一的目的。野餐食物的运输在此没有问题，内容也可自由想象。可以是前一天准备好的食物，营养均衡。可以做些咸味馅饼、掺谷物（大米、黑麦、粗粒面粉、面条）的沙拉等。

可以使用密封塑料盒盛装食物，再用橡皮筋扎紧。否则，您就可能用勺子在背包底部直接取食您的大米沙拉了。

对于临时决定徒步的人，带些传统的生火腿、香肠、乳酪和面包，也可以享受一顿不错的野餐。不过，从营养学的角度来看，这种结构有失合理。

不过，我们已经说过，我们徒步就是为了寻找乐趣。

野餐的头道菜中可以添加一些蔬菜，既便于携带又容易食用，譬如西红柿、芹菜、菜花、胡萝卜等。如果配以带香料的酸奶，那将是绝佳美味！

可携带结实的水果作为甜点，譬如苹果或橙子，给野餐带来香甜的果汁。

懂得享乐的人还会带上保温瓶，里面是热咖啡。还要想到储备一些食物，以备休息时享用，也可为下午可能发生的饥饿做好储备。

祖母的菜谱

取 4 个鸡蛋、100 克面粉、一碗格律耶尔干酪丝、1/2 升牛奶，一起搅拌。

在蛋糕模子内涂抹黄油，将火腿丁、蘑菇丁、金枪鱼撒在底部，至于还放些什么，随您心意。

烤制 40 分钟，一个洛林猪肉火腿蛋糕就出炉了。足够 6 或 8 位饥肠辘辘的徒步者食用，而且在运输途中不易破碎。去询问您的祖母，她一定还有别的菜谱。

两日的徒步

不论在露营地还是在高山小屋，一定要携带更换的衣物、睡袋、睡垫、野营炉，甚至还可以带上一顶帐篷，不过背包的重量一定会增加。选择食物时，重量非常重要。建议选择不易破碎、不含水分的食物，并采用轻型材料包装。

如果进行两天的徒步，应准备两顿野餐、一顿晚餐、一顿早餐，以及其他食物储备。出发前，第一顿野餐可以在家中准备完毕，按照一日徒步的模式做一些谷物沙拉。第一顿野餐可以吃掉那些不便于携带的水果。第二顿野餐可以食用那些结实的食物，譬如不会干燥的乡村面包、熟猪肉、（不太软的）乳酪、鱼罐头等。甜点可以食用饼干、巧克力或干果。

酷爱烹调者可携带易于烹煮的食物，譬如粗粒面粉做成的古斯古斯（北非一种用麦粉团加佐料做成的菜），配以乳酪或香料食用。

早餐食物的分量可能最重，因为在商店里此类食品非常丰富：麦片、牛奶、咖啡和巧克力粉、袋装茶叶等。还可添加饼干或花式面包。只需烧点热水便可用餐。可以携带罐装栗子酱，既便于携带，又给甜点增添趣味。

晚餐可以食用袋装汤料，除补充体能之外，还可补给水分和矿物盐。需要注意的是，商场出售两种汤料。一种是快餐汤，只需添加沸水便可食用。另一种是干燥处理的汤料，需要熬煮。不建议携带后者，因为消耗更多的体力，还要增加洗锅的麻烦。

主菜可食用罐头食品，不便之处是需要承担罐头盒的重量。还有采用铝箔包装的食品，不便之处是易破损，而且商场中出售的大多为单人份。

这些食物可以放进锅中烹调。软包装可能会受压变形，发生洒漏。谷物和淀粉类食物最便于携带和烹调。就此问题，我们将在徒步自由行的章节中另作介绍。

甜点可以采用单份的方式携带，譬如奶油甜点、米糕或粗粒粉糕。也可携带英式果料蛋糕类的干蛋糕。对于那些不喝酒便无法在山中小屋过夜的人，建议他们回家后再饮用。

不要忘记携带垃圾袋。

“巴芬”粗粒面粉菜谱

给非常饥饿的人，适合冬季徒步者，1 人份：

–200 克淀粉（土豆泥或粗粒面粉）；

–2 个鸡蛋，粉状 / 19 克（饭店专供商有售）；

–75 克格律耶尔干酪丝；

–75 克黄油或油；

– 盐、胡椒、袋装汤料、干蘑菇或干肥肉丁。

倒入沸水，让食物膨胀，在结冰前赶紧食用……

多日徒步自由行

如果没有补给，超过一周的徒步自由行会困难重重，背包中难以装下足够的器材和食物。食物、器材和烹调用燃料的重量很轻易就超过 20 千克。

晚餐或午餐吃一顿冷餐，尚且容易。但一周都如此，恐怕难以做到。

准备行囊时，秤应该是基本的工具！

袋装汤料是头道的主打菜。商场中出售的冻干菜肴花样繁多，使您的用餐丰富多样。这种菜肴在体育专卖店中均有出售。唯一不便之处就是价格，一份普通菜肴 3.5 欧元，一份即食盆菜 7 欧元。按此计算，一顿饭合计 15 欧元。

为降低费用，可以自己烹调谷物和淀粉类的食物。这些食物无需长时间烧煮，各家商店均有售。譬如粗粒面粉、袋装土豆泥、中国面条。只需添加沸水即可食用。

为丰富您的食谱，可携带即食米饭或短面条，因其短小而易于烹调。唯一不便是需要清洗饭盒。

如沸水充足，还可把米饭或短面条放入饭盒中，关掉火炉，盖上盒盖，利用余热烹煮。时间不会很长。

可配以袋装汤料、干蘑菇或肉汤食用。

干燥食品是全天候的食品。

可以提前几周进行准备，把生肉、熟猪肉、乳酪和一些蔬菜切成薄片，放在通风朝阳处晾晒。这些都是主食的绝佳配菜。

至于甜点，只有干果、蛋糕、酱馅点心和冻干食品便于携带。

野餐和早餐已在前一章节中作过介绍。麸皮面包的好处是便于贮存，而且不会干燥到无法食用的地步。由于其营养成分少，故而消费量不及白面包高。

器　　材

徒步鞋

有一个故事讲到，本世纪初的一个白天，布里扬松的阿尔卑斯山猎人来到格诺布尔……

这意味着一个体格健壮的步行者以每小时 5 千米的速度行走了 96 千米。这几乎是登山运动员或当代洞穴学家 20 小时的大运动量！

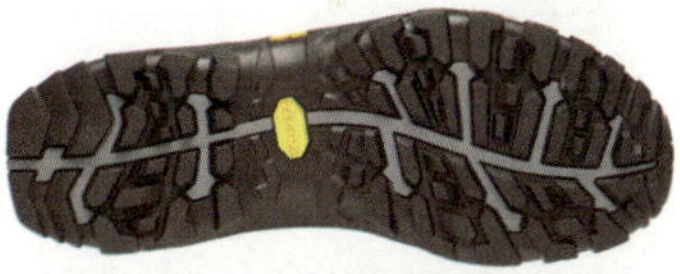

应该说当年的加依亚人训练有素。1910 年，难道不是他们在法国创办了第一所滑雪学校？此举比借助机械登山时代早很多年。可当察看他们当年的登山鞋时，我们甚至可以说随便穿什么鞋都可以周游世界。

近 20 年来，登山鞋已大为改进，穿着舒适。只需考虑哪种类型的鞋适合我们的运动和体形，哪种鞋更能保护好我们的脚，哪种鞋更适合我们的行走习惯。而这些标准同样重要。

从最轻便的到最易致伤的鞋，我们向您作全面介绍。在此我们不谈人字平底拖鞋，不论在尼泊尔的梯田间，还是在蓝色海岸的沙滩上，这种拖鞋大概走过了世上最长的路……

徒步凉鞋

除非您是一位出色的徒步者，否则，凉鞋只适于平坦的山路或沙土地。诚然，这种凉鞋具有尼龙刺粘搭扣的鞋带、护脚的鞋帮和结实的波纹橡胶鞋底，但是，在坎坷不平的路面上，如脚掌未踩稳地面，人体极易失衡，且需很大努力才能找回平衡。即使购买大号的凉鞋，脚踝仍暴露在外，受伤亦难免。

最后，小石子易入鞋内，将其排除却非易事。不过，天气炎热或行走在沙土上，凉鞋仍是最佳选择。

应选择吸水性能好的鞋底，最好具备抗菌功能，以防止出汗和脚臭带来的烦恼。

某些凉鞋的鞋底有减震装置，与鞋带相连，对脚趾有保护作用。不知道该称呼它们为凉鞋还是带眼的篮球鞋。

矮腰徒步鞋

此种鞋与运动鞋相似，其功能也混淆了传统的分类标准。城里人也热衷于穿着此种“户外”徒步鞋。

然而，我们不要看错此鞋的特点，此乃真正的徒步鞋。鞋垫可拆卸，便于晾晒和清洗，鞋跟配备减震装置。鞋腰镶缝防水皮革，配有透气微孔的布料，穿着舒适轻便。用橡胶包裹鞋跟和鞋尖，既防止石子伤脚，又能延长鞋的寿命。

此种矮腰徒步鞋适用于乡野小径和地势较平坦的路面。实际上，下坡时，由于脚踝未受保护，脚趾直接受到鞋尖的挤压，长此以往，可产生足部巨大疼痛。因此，此鞋不适合脚踝软弱者或背负沉重行囊的人穿着。

徒步鞋

此类鞋轻便柔软、穿着舒适、功能多样，从乡野小径到起伏的地势，均可穿着此鞋。如仅购一双徒步鞋，此为首选。鞋底坚固，配有防滑波纹，鞋尖外包裹橡胶，以防脚趾被石子所伤。此鞋有矮跟，适于保持身体平衡。鞋面为皮革和布料，具有良好的透气性。鞋面常配有防水膜，提高防水性能。高鞋腰起到保护脚踝、固定脚趾的作用，下坡时，防止脚趾受到鞋尖挤压，避免痛苦。当然，必须束紧鞋带。鞋带搭扣均具有自动封闭功能。

还有一些特殊的女用徒步鞋，此种鞋在跟腱部位更加柔软。

高山徒步鞋和登山鞋

此类鞋有防水功能，可适应各种天气条件。与徒步鞋一样，此类鞋能够胜任坎坷路面的长途跋涉，甚至可以夏季登山。此鞋抓地感强，鞋底坚实、波深纹宽。著名的品牌有意大利 Vibram 牌的登山鞋。

此鞋底边略宽，镶有自动防滑钩，运用了滑雪鞋的固定系统，可用鞋带加以捆绑。防水皮质鞋腰内衬防水薄膜，加强了防水性能。

冬季徒步鞋

冬季徒步鞋分为两类：登山鞋和新款冬季徒步鞋。

冬季登山鞋的鞋面有塑料外壳或经过处理的皮革，非常结实。鞋内有可拆卸的软底鞋，款式多样，可根据气温变化进行选择。可取出晾晒，也可作为高山小屋里的软底鞋。

随着雪鞋的开发，出现了一种专门款式的雪地鞋，其性能介于加拿大靴子和徒步鞋之间。

从设计和材料的角度来看，此款雪地鞋具备良好的防水性能，可适应 -10℃至 -15℃的寒冷环境。

存在的问题是可替换的软底鞋款式不多，致使没有足够的软底鞋来调换，不适合多日的长途跋涉。

如雪地鞋未加配套，可在软底鞋外面加穿塑料套鞋。

袜子

人们经常忽视袜子的作用，但如果所穿的袜子不舒服，则可破坏整个徒步计划。首先，袜子与足底轻微摩擦，不易察觉。接着，随着路途延伸，徒步几小时后便演化为难以忍受的痛苦。

一些袜子决不适合徒步时穿着。

根据所用的纤维性质，弹性袜子具备收紧的机械性能。与内衣的编织技术一样，由电脑控制的机器可以混纺好几种纤维，而纺织手法也变化多样，譬如表面透气、袜底耐磨、袜跟减震。对于脚底易打水泡的人来说，有一种专门为他们设计的袜子。可采用发热纤维，譬如羊毛或丝。也可采用凉爽的纤维，譬如棉纱。

在冬季，人们可能在棉袜之内加穿丝袜，或穿两双袜子。但要注意袜子的厚度，因为当脚受到压迫时，人会感觉寒冷。

鞋垫

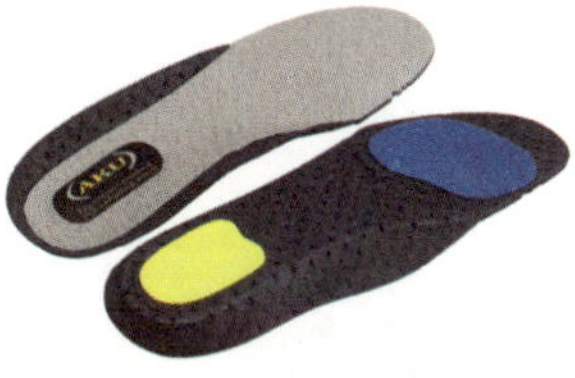

可拆卸的鞋垫不是一个玩具。其主要优点就是可取出晾晒，这是防潮、防菌、除脚臭最有效的方法。

长时间休息时，立刻取出鞋垫晾晒、清洗和经常更换。若不定期更换鞋垫，可能给脚底带来问题。

购买徒步鞋

矮腰徒步鞋的价格在 50 欧元到 100 欧元之间，徒步鞋价格在 150 欧元左右，而登山鞋的价格则高达 200 欧元。因此，在商店里琳琅满目的各种鞋柜前，应该明确自己要进行何种运动。

购鞋时，可带一双您自己的徒步鞋，也可试穿一双与您的徒步鞋同样厚度的鞋。徒步行走时，人的两脚会肿胀，因此，您选择的鞋码应比休息时脚的尺寸大一号或半号。

两脚穿进鞋内。系紧鞋带后，您可以在脚跟和鞋帮之间插入一根手指。人的脚宽窄不同，一些款式更适合您的脚型，可向售货员咨询。

穿着鞋试走几步，在坡面上尝试上坡和下坡的感觉。

仔细感受鞋内微小的硬块，它们可能给您带来不适，甚至水泡。缝线是所有鞋的共同弱点。

缝线越少，您的鞋就越结实。

回到家中，应马上试穿新鞋。首先，把它们当作拖鞋来穿。随后，可以在户外散步。最后再正式进行更长距离的徒步运动。新鞋愈坚硬，此种磨合则愈重要。经过磨合之后才能长途跋涉。经过磨合，您对新鞋的性能更加了解，可预防新鞋摩擦带来的痛苦。

为避免因摩擦产生水泡，可用弹性胶带或双层护膜对脚部加以保护。

鞋的养护

徒步回来后，如鞋已脏，可用清水刷洗。应清除嵌入缝线处的沙土，久而久之，沙土可能折断缝线。

洗过的鞋不可在高温下晾晒，因为高温可使皮革和防水膜干裂，破坏防水性能。只需用报纸填充鞋内部，然后将其置于常温之下晾干。如有需要，可更换报纸。

应经常给皮革上油保养，以保持其良好的防水性能，使其柔软舒适，防止缝线折断。可使用养护液或喷雾剂。

如鞋底出现开胶或缝线开线，只需找到修鞋匠便可解决问题。鞋匠善用胶水、铆钉和针线，他们是徒步者的好助手。他们还会修理护腿、背包，甚至帐篷的拉链。

应把新鞋当作拖鞋一样试穿

贴身衣物

几年前，人们根据商品宣传册选购户外运动内衣，当年的模特都是本地人，以及雪地上笑容可掬的老奶奶们。

当年可供选的颜色有白色和天蓝色，款式有单层和双层。当年的品牌是 Thermolactil 或 Damart。

如今，化学工业不断为我们发明了新纤维，具有保温、抗菌和透气功能。纺织机由电脑精密控制，可合成多种人工材料。但产品的过度丰富亦有弊端，人们难以辨别哪些是真正的科技进步，哪些属于商业炒作。

广告大肆宣传运动内衣的诸多性能，使人不免心生疑窦。对于徒步者，首要的是将人体因运动而在皮肤表面产生的热汗排出。

如运动内衣因出汗而潮湿，徒步者休息时必定着凉。运动内衣应紧贴身体。几年来，人们运用化学技术在合成纤维中添加了银离子。这种纤维纺织的布料具有防异味功能，徒步者可在几天时间里不换内衣。如同可拆卸鞋垫一样，可能的情况下应及时晾晒内衣。

夜晚穿着干爽的内衣，乃惬意之事。每种尺寸的内衣都有多种厚度，用以适应室外温度的变化。

身体升温

防寒绒衣来自北方地区，起源于伐木工人和渔民的工作服，给户外运动服装带来一场革命，代替了原来沉重的羊毛套衫。

防寒绒衣采用聚酯纤维纺织而成，在商场中有多种名称。一些品牌的原料取自回收的塑料瓶。除了重量轻之外，此服装的主要特点是具有防水性，易晾干。当您把它从洗衣机中取出时，它已经几乎快干了。与内衣一样，防寒绒衣具备排汗功能。此面料厚度可变换，用于制作轻便套头衫、背心、衬衣。还可制作厚重的外套，具有良好的保温效果。其产品还有长裤、紧身裤、软帽、手套等。全身套服属于登山运动员和洞穴学者的专业服装。根据季节，您可选择穿着超细纤维摇粒绒外衣、套头衫或带暖手口袋的保暖外衣。这些服装的特点是具备防风功能。

经过几年的探索，厂商目前推出了叫做“软壳”的服装。据此种户外服装的广告称，此款服装具有抗风功能，可抵挡小雨，适用于 80% 的户外运动。由其厚度和摇粒绒纤维的性质所决定，此款服装具有良好的保暖性能。因其外形漂亮，可在城市穿着，故销售业绩不菲。购买外衣时，应选购带帽子的外衣，因为刮风时，人的头部比较怕冷。甚至还可购买轻便风雨衣，其保护效果更佳。

避免外部侵害

职业渔民穿着油布防水服。如运动量不大，此种服装具备简便和良好的防水性能。但当您登山或徒步时，油布服装就会变成蒸汽浴室。

经过化学处理，此问题得到了解决。在织物表面形成一个吸汗的表层，经过化学现象将人体汗气排出。此技术比薄膜造价低，但效果相同。

此薄膜有成千上万个小孔，直径小于水滴，因此具有防水性。但其直径大于人体汗气分子，故可将人体汗气顺利排出。

高泰克斯（GORE-TEX）是最大的薄膜品牌。

薄膜或织物化学处理技术都很脆弱，需要高强度的布料保护，然后制成服装（长裤、背带裤或外衣）或鞋。

为更好地发挥其性能，在上衣的腋下安装了透气拉链（空气湿度大时，人体汗气不易蒸发）。薄膜所附着的织物可使汗水通过，而自身却未被汗水浸湿。为保护此性能，清洗时应特别小心，使用含氟喷雾剂喷洒进行保养。

购买此款外衣时，应注意细节：口袋的数量及方便两手插入的程度。口袋进口处应有护盖，以防雨水进入。

冬季服装应配有拉链，防止摔倒时雪花进入。外衣的拉链也应配有护盖，用尼龙刺粘搭扣或按扣锁紧，以防风雨入侵。应选择牙齿粗大的拉链，它们更坚固。

袖口处应配有搭扣，用以在手套之上扎紧袖口。帽子应能完全遮住面部，颏下有宽大的褡襻束紧领口，帽舌能阻止雨水流淌到脸上，并在雨夹雪的天气时保护脸部。帽子的大小应可调整，以适应头戴软帽或鸭舌帽之需。

最后，应选择大号外衣，以便天寒时增添几件内衣或摇粒绒保暖衣。

雨伞：牧人曾使用过！

如徒步地点经常下雨，但风力不大，雨伞的用途很大。

外衣的帽子能阻碍视线，而打伞则视野辽阔。

可将雨伞撑开，固定在背包上，解放两手。当雨过天晴，还可起遮阳作用！

寒风指数效应

寒风指数是一种“虚构”温度，指人体根据空气温度和风速对寒冷的感觉程度。

最早计算寒风指数的是保罗·阿兰·西珀尔和查理·帕塞尔，他们于1939年南极考察时便开始计算寒风指数。二战期间，轰炸机飞行员长途飞行后返航（以每小时300千米的速度在海拔1万米的高度飞行10小时），他们的飞行服发生故障，飞行员被严重冻伤。科学家迅即对此问题进行研究。空气温度与风速的关系凸显出来，轰炸机得到了改善。

直至20世纪80年代，加拿大气象学家才给出了寒风指数的数据。1999年，寒风指数出现在天气预报中，加拿大人据此决定第二天的穿衣和活动。

尽管肉眼难以察觉，人体产生的热量在身体周围形成一个保护层，避免受到外部条件的影响。

刮风时，人体汗气分子被带走，热气保护层变薄。如流失的热量大于人体产生的热量，人体便感到寒冷。如果不能迅速补充热量，便会出现体温下降。不论外部温度如何，稍有微风便会带来人体热量的流失。譬如外部温度为18℃，风速每小时16千米，人体感受到的温度是14℃。如风力减弱，人体感受的温度则上升到18℃。但我们在避风处，我们便会感到人体的热量。显然，风力越大，人体感受的温度就越低。当衣服过紧或潮湿时，这种感觉便愈加明显。对于身处寒冷场合的人（登山者或生活在冰冻地带的居民），对寒风指数的了解显得非常重要，可预防冻伤的危险，避免发生更加严重的体温下降。

在寒带地区，特别是山区，这种情况更加明显。譬如风速为每小时30千米，气温为0℃，人体感受到的寒风指数为－13℃。如果气温为－10℃，人体感受到的寒风指数为－23℃。在极端的条件下，如果气温为－40℃，风速为每小时50千米，人体感受到的寒风指数就是－79℃！

在山区裸露地带，不论身处山顶还是山腰，寒风效应都非常危险。

最后结论为：

- －1℃至－10℃，稍冷。
- －10℃至－18℃，很冷。
- －18℃至－29℃，冰冷刺骨，可能发生冻伤。
- －29℃至－50℃，严寒，很可能发生冻伤。
- 低于－50℃，极其寒冷，非常危险，皮肤暴露30秒便可冻伤。

2001年，研究人员调整了计算方法。过去，风速的数据都是在距离地面10米的高度测得的。现在是在距离地表1.5米的高度测量风速，这个高度更加接近人的身高。

尽管寒风指数与摄氏温度（如－14℃）相像，但时至今日，这个指数仍无任何程度单位（如－14）。

为测算风冷速度，加拿大人运用了如下数学公式：

R=13.12+0.6215xT−11.37xV0.16+0.3965xTxV0.16（T为摄氏温度，用℃标记；V为风速，用km/h标记）。

简言之，风速每增加15km/h，温度便下降10℃。

如何着装

这些服装均适合徒步地点的气候和季节变化。虽然总有一些天气现象无法预见，但是在勃朗峰上攀援与在马赛的地中海小海湾散步，天气条件必然不同。不论任何季节，只要空气潮湿，只要刮风，人就会感觉寒冷。正如加拿大人所言，“寒风指数”的效应即风力越大，人越感觉寒冷。

天热时

应选择宽松的衣服，以遮盖皮肤。当然不要忘记经常大量饮水，以补偿出汗带来的脱水。

衬衣 可以敞开，便于排汗。尽量选用浅色面料。可竖起衣领，避免颈部受到阳光暴晒。如气温过高，可卷起衣袖。

长裤 可选择裤腿用拉链连接的长裤，即可作短裤，又可作长裤。可选择棉线和化纤混纺的布料，穿着舒适，暴雨后可快速晾干。

凉帽或鸭舌帽 可保护面部和眼睛，避免阳光照射。还可佩戴印花布方巾，遮阳效果更佳。汗水蒸发可带来凉爽。中暑可迅速带来生命危险。

鞋 可选择轻便透气的徒步鞋。如地势平坦，还可选择徒步凉鞋。

在山区或海边，天气变化很快。可在背包中带一件轻便雨衣或风雨衣，还有干爽的套衫和内衣，以备徒步结束时更换。

换季时节

换季时节总有一些问题。应该穿冬季还是夏季服装?

9月漫天飞雪，10月阳光灿烂，这种天气并不罕见。在我们所处的纬度，春秋为多雨季节。

– 上身着装应遵循多层的原则。譬如，穿一件长袖内衣，外加一件薄摇粒绒衫，便于行走。

– 下身不能穿运动短裤，应穿长款快干裤。背包中应携带一条薄紧身裤，以备天寒时添加衣服。还可穿一条带摇粒绒内衬的双层裤。远距离滑雪者的专用高腰套裤配有吊带，也适用于徒步运动。与徒步长裤不同的是，这种套裤没有口袋。

– 躲避风雨：徒步者背包中应携带一件厚摇粒绒衫，以备休息时穿着；还应带一件风雨衣和雨衣，以及一条防水长裤。除风雨衣的帽子之外，应佩戴鸭舌帽，可防止汗水流淌到面部。穿一件披风也是很好的选择，但披风应宽大，可以遮盖背包。

冬季

冬季气温低，寒风强劲，徒步者应注意防寒。但不易穿得过暖，避免汗水打湿衣衫。

刚出发徒步时，身体应感觉微寒，这是常规。

行进的节奏也应缓慢有序，以避免更多的停顿。

应携带便餐，甚至可以边走边吃。随着体力的付出，身体会逐渐发热，说明身体状况良好。

需要注意的是，1 月和 3 月同为冬季，却各有不同。有时，一天的最低气温都会处于零下。但有时白天的温度可以达到 10℃，甚至 15℃。

内衣和摇粒绒外套有多种厚度。

可选择最保暖的款式，衣领可以竖起，保护脖颈。

必要时，可穿两层内衣，外加围脖，起到保护脖颈的作用。

除防水长裤和风雨衣外，还可穿一条保暖紧身裤。

一双羊毛袜或丝袜可避免足部受寒。

徒步鞋应具备防水功能，配备一双厚鞋垫，以隔断地面的寒气。除徒步鞋和长裤外，佩戴护腿可防止雪花进入裤腿之中。

由于血液主要供给人体的重要器官，肢体末端（如头部、手和脚）血管分布少，最易受寒。但是，人体的热量是通过血管系统来传递的。为保护这些部位，可佩戴软帽、风帽或头带（在数日的徒步中，人们可能讨厌头戴软帽，更喜欢扎头带）。软帽最能体现徒步者的个性。选择何种软帽，没有客观标准。软帽样式很多，配有穗带的、带绒球的、秘鲁式的、鸭舌帽式的，唯一的标准就是遮住耳朵。

手套应具有防水性，也可除佩戴摇粒绒手套外，外加防水透气的手套。手指和手掌部位配有皮革或耐磨布料。

通过佩戴或脱下帽子和手套，可有效调节人体温度。

背包中应携带第二件摇粒绒外衣（可无袖）或一件羽绒服，以备休息时保暖之用。

佩戴丝质手套可使动作灵巧，同时避免两手受冻。温度很低时，宽大的连指手套非常实用。

如遇暴风雪，滑雪面罩也非常有用。

摇粒绒围脖可保护颈部，避免冷风从领口进入。

背包

在新几内亚的热带丛林中，当巴布亚人开始数日徒步时，他们随身携带的布口袋中有一把大砍刀和几件工具。

有人说，一个度布（撒哈拉东部的游牧部落）的牧民可以步行 1 000 千米，吃熏山羊肉，把山羊皮做成口袋来运水。当他旅行结束时，他还偷了另一头山羊。

今天，如果我们也梦想着用同样方法出门徒步，没有背包，此举的代价就是在大自然中迷失自己。

“散步”用背包

此种小背包最多可容纳 20 升物品，可用此背包携带一件保暖外衣、一份储备食物（如饼干、士力架）、一个水壶、一部相机或袖珍望远镜。可将汽车钥匙和钱包放在衣服的内袋中。

背包后部配有发泡软垫或网格布，可避免背部出汗。背包外部的小网兜可放置随手可拿的物品，如地图、太阳镜、防晒霜或帽子。

儿童背包

很多厂商为女性设计了多种款式，腰带宽，背带做成圆形，以适应女性的胸部特点。但他们很少为儿童设计专门背包。诚然，人们不愿意儿童加入到徒步的行列，因为怕儿童破坏了徒步计划。但儿童加入到这项运动中也是很重要的，他们会因此而非常自豪！

因此，如果父母背负沉重的行囊，儿童完全可以背水壶、几件衣服、儿童睡袋和软垫。

“背包摇摇晃晃，两腿要遭殃。”

一日徒步用背包

此种背包可容纳30至50升物品，适用于远距离徒步。

鉴于携带物品的重量，此背包的结构也比较复杂。后部充填垫料，具有透气性，背带和腰带都配有软垫，可轻松背负十几千克的重量。

背包中可携带一个药盒、一个水壶、一些衣物、野餐食物、一张地图、一个指南针或GPS定位仪。还可携带一些工具，譬如绳索、铁钩、观测器材或冬季需添加的衣服。

背包外部配有一些帆布带，可悬挂手杖、雪鞋、滑雪板或冰镐。

探险用背包或多日徒步用背包

此类背包容积最大。

腰带和背带应非常舒适，便于调节。

容积不能小于70升，背包上部配有薄型小包，可增加背包的容积。

背包上部的遮盖可调节，以便与上部的小包进行连接。

背包中除多日徒步的物品外，还应携带睡袋、地垫、洗漱用品、更换的衣物、可供几日的食物、炊具。尽管徒步器材由团体成员分担，个人仍可携带一顶帐篷。

选择背包

首先应了解需要何种用途的背包。散步用背包和探险用背包的功能迥异。每种背包都做工考究，且款式多样。

从容积角度考虑，应选择大的背包，避免物品过多时无处放置，只好挂在背包外面，既容易丢失，也容易挂到树枝和岩石上。

背包和徒步鞋都是重要的装备，应认真挑选。在商店里，应负重试用背包，以检验背包是否符合您的体形。请售货员介绍背包特点，试验可调整的部件是否灵活。徒步时，可调节背包带，使背部更加舒适。

应注意背包后部充填软垫的位置，此充填软垫应位于腰间，避免支架给背部带来不适。背包可拆卸支架易丢失，不建议选择此类背包。

调整背包

背包的正确位置应是肩膀承重，背包紧靠背部，腰椎的位置应保持透气，背包架在徒步者的臀部上沿。背包的位置应尽量高一些，至少不能低于臀部。为此，首先应调节背包背部的高度。调整背带调节扣，使背包的位置适合徒步者的身材。散步用背包和一些白天用背包没有此调节装置。

随后，调节背带，使背包与徒步者和谐一体。途中可对背包位置作微调。然后调整腰带的松紧度。如添加衣物，必须重新调节腰带。

最后，腰带和背带的角度使背包的重心接近徒步者的重心。

装包

置于背包底部的东西最难探取，那里应放置最不常使用的物品，比如睡袋、药盒或更换的衣物。许多背包底部另有一个开口，里面还有一个小包。最重的物品应放在高处，靠近徒步者后背。

背包上部放置常用的物品，如野餐食物、地图、保暖衣物或风雨衣。背包盖上的口袋中放置小物件，譬如手套、软帽、卫生纸、照相机、太阳镜、地图或指南针。

专用背包

带托架的背包用于运输重物 此背包配有框架，物品放置其上，用弹性橡皮绳或带棘爪的绳子固定。背带与腰带和大型背包相似。

此背包适用于携带野营设备，准备在高山上停留多日的徒步者（观察自然、探险、军事观察站）。

还应考虑携带一个一日徒步用背包，以备在露营地周围徒步之需。此种背包可以拆装，甚至可做担架。

摄影背包适用于携带摄影器材，譬如摄像机、照相机以及各种镜头和配件、闪光灯、支架、电池、充电器，以及手提电脑。

柔软材料的分格可有效保护贵重器材。某些款式的背包另配有格间，可放置徒步用品，但容积有限，不够数日徒步之需。此类背包价格经常令人瞠目，不过，您也可购买一个传统款式的背包，中间的拉链可拦腰拉开。然后，按照器材的大小，自己利用泡沫块做出格间。

拉杆箱式背包的后部装有拉杆，背包为长方形，配有几个把手，可全部打开，便于从中取出物品。拉杆可收回，甚至可拆卸。

手提包型背包 徒步时如开车或使用牲口运输，使用此类背包非常惬意。

制造商采用了结实的面料，开口宽大，配有绳索和把手，便于提携。此背包不适合于长时间背负，但仍配有简单可拆卸的背带，以便在火车站站台之间或公共汽车到旅馆之间的运输。

婴儿袋式背包 有一天能跟自己的孩子一起徒步，这是所有年轻父母的愿望，既可让孩子看到自然景色，又不必放弃自己喜爱的运动。

这时，婴儿袋就成为必备之选。应选择带软垫的款式，孩子可舒服地坐在里面，避免大腿部位勒得过紧，妨碍血液流通。孩子的座位应固定，以便孩子在里面舒服地睡觉。孩子头部的位置应高于父母的肩膀，以便孩子欣赏风景。

此背包应配有若干口袋，里面可放奶瓶、奶嘴等。背包的舒适度应无可挑剔。尽管孩子会长大，但此背包可一直用到孩子四五岁的时候。

非常实用的配件

背包基本上都不具备防水性能。因此，一些制造商设计了背包罩。其优点是不仅保护背包内的物品，而且保护了背包本身。但风力过大时，背包罩可能被刮走。因此，可在背包内放一个塑料袋，也可起到异曲同工之效。某些背包还配有侧边口袋，有些与背包连在一起，有些可以拆卸。这些口袋可增大背包的容积，也可用来放水壶。

如果您想把滑雪板固定在背包上（为了在阿尔卑斯山或北欧地区滑雪），您需要购买一个带侧边口袋的背包，用来放滑雪板上的固定鞋跟的装置，这样可避免滑雪板过重带来的妨碍。

睡袋与露营

在休息期间，人体不再产生热量，睡袋的问题是如何保持体温。睡袋和衣服可使您与外面空气隔开，帐篷也为您挡风遮雨。

睡袋

睡袋像一个大口袋，包住您的身体，使您身体的热量不外泄。睡袋的保温作用是其隔热功能决定的，而空气是最好的隔热材料，因此，睡袋的空气容量是非常重要的。当展开睡袋时，可见睡袋的体积逐渐变大。为此，制造商采用了弹簧状合成纤维，这种纤维在解除压力后具备伸展能力。这是一种空心纤维，如同北极熊的毛，可储存空气。

另一种保温材料是鸭绒或鹅绒。最好的是鹅绒，被称作三个 0，这个数字与羽毛的处理技术相关。绒毛与弹性小羽毛混合在一起（大约 25% 的拉绒），保证了睡袋的蓬松效果。CUIN 即蓬松度的指标。CUIN 指标达到 700 以上，则说明睡袋的质量上乘。

选择睡袋

羽绒睡袋　性能好、轻便、可压缩，便于装入背包。但当天气潮湿时，羽绒难以蓬松，影响保温效果。

混纺拉绒睡袋　不怕潮湿，即使被水浸过，仍可保持蓬松状态。一般情况下，此类睡袋价格低廉，但无法压缩，且分量过重。

近年来，睡袋的温度指数通常采用欧标 EN13537 来标识。这个指数表示温差幅度，即睡袋舒适温度的上限和下限。

极限温度即徒步者在低温状态下在睡袋中停留数小时，但不会冻伤的温度。在可能的情况下，不要做此尝试。

温差幅度可根据羽绒睡袋的作用来决定。徒步爱好者可选择数个温差幅度，至少每个季节一个。

不论何种用途，睡袋的设计对保温功能极其重要。为 -10℃设计的羽绒睡袋既舒适，又适于各种季节。

由于睡袋是采用人体温度来保温的，所以，徒步者需要调节自身的新陈代谢。怕冷之人应选择更加保暖的睡袋。

为应对极寒天气，一定要选择能够耐 -30℃和 -40℃严寒的睡袋。

睡袋的养护

清洗睡袋总非易事。使用床单可以减少睡袋的清洗次数。

理想的做法是，每天把用过的睡袋打开，在干净的地方（岩石上、树枝上、帐篷上）晾晒。

徒步归来后，把睡袋彻底晾干，然后再行收藏，避免滋生霉菌。

睡袋不可干洗，干洗采用的化学材料可损害混纺拉绒的性能。可采用机洗，温度为 30℃ ~35℃，选择洗涤内衣的温柔模式，使用优质品牌洗衣粉或香波。

也有清洗羽绒睡袋的专门清洗剂。

漂洗和脱水动作应尽量柔和。然后，平摊在自然空气中晾晒，经常抖动，避免混纺纤维堆积成块。如采用洗衣机的烘干功能，时间应设定为 15 分钟，并分多次进行。每次烘干程序完成后，也需抖动睡袋。

随后，可将睡袋悬挂在干爽的地方，晾晒 48 小时，并注意不让纤维堆积。晾干后，可将睡袋卷起，装入圆筒贮存，也可一折为三，放在格架上。决不要装进压缩袋中，因为这样可能折断纤维或羽绒，损害睡袋的蓬松和保温效果。

与地面隔绝

没有一个好的地垫，任何睡袋都将毫无用处。地垫可将徒步者与地面分隔开，避免因传导作用而导致热量丧失。

泡沫地垫 有封闭的气室，轻便耐用，有多种厚度，经得起各种考验。尽管可以卷起，地垫的体积仍然很大，所以，可将其固定在背包外面。

膨胀式地垫 由细小的蜂窝状材料构成，外表由塑料织物封闭。有人称其为“自我膨胀式”，因为只要打开阀门，几分钟内便可恢复原来的体积。在地垫恢复原体积后，最好再用嘴吹气，使其达到完全膨胀的程度。

此类地垫有多种厚度。

此类地垫比泡沫地垫重，一些膨胀式地垫只有 120 厘米长，不便之处是两腿裸露在外，但卷起后体积非常小。

此种地垫易破损，因此应携带粘补工具（通常由厂商提供）。无胶水时，可用胶布粘贴，也可应付一段时间。

如忘记携带地垫，可将衣服和背包摞起充当地垫，也可睡在干燥的枝叶上。

北美猎人把帐篷搭在树枝上，把帐篷与地面的雪分隔开。在树枝上铺上防雨布或救生毯，就是一个非常有效的地垫。

救生毯 是一种带铝箔的塑料布。这种塑料布利用辐射原理，可减少 5% 的热量损耗。此塑料布只能在紧急情况下使用，譬如为受伤者保持体温。

如果在救生毯下点燃一根蜡烛或一个野营炉，便可营造一个温馨的环境，甚至可以在其中烘干潮湿的衣服。但应注意防止点燃塑料布。此种塑料布可隔绝地表的湿气，但也能因此而打湿下面的睡袋。

夜用衣服

有人说应该在睡袋中裸睡。这样讲的人恐怕别有用心，他们想趁姑娘们脱衣服的时候一饱眼福。

身体周围多一层衣服就多一层空气，也是一个好的保温层。如果衣服更加干爽，度过一个美好的夜晚就有了保证。常见的冬季保暖内衣完全可起到此作用。根据气温情况，穿鞋和戴软帽也对夜间保温有很好的作用。

配件

为提高睡袋内的温度，可在里面放一个油布袋和一张床单，床单的布料可以是棉、丝或摇粒绒。由于增加了一层空气，既提高了睡袋的温度，又保持了睡袋的清洁。

天热时，只添加一个摇粒绒内袋便可保证徒步者夜间的保温需要。为应对严寒天气，可将两个羽绒睡袋套装，保持睡袋的温度。

睡袋外套 由防水材料制成。野外露营无帐篷时，可将其包在睡袋外面，起到保护作用。一些睡袋外套采用透气材料，可排除汗气和凝露。

压缩袋 通常与睡袋一起出售。压缩袋配有绳索，可将睡袋扎紧，装包时节省空间。购买睡袋时，如睡袋已捆成卷，装入压缩袋中，在平时使用时便容易收入袋中。

不要让睡袋长时间处于压缩状态，因为纤维长时间受到挤压，可能损害其保温性能。

建 议

购买睡袋时，您可以钻入睡袋中亲自体验。从睡袋内部开始检验拉绳、细绳和拉链。当徒步者在℃以下的条件下睡觉时，以下各项都很重要：

– **可卸风帽**，因为头部是人体最易受凉的部位。购买时，应检查收紧帽口的绳子是否滑动自如，风帽的空间是否允许头部转动自如。

– 睡袋口的**拉绳**可防止热量的外泄，避免肩膀感觉到冷。空气流通少了，人体热量便流失得少。

– 睡袋内部的**拉链防风衬垫**可避免皮肤与拉链接触，也可防止内部热量的外泄。拉链与防风衬垫间有饰带，用于防止睡袋被拉链夹住或撕破。

– **隔热层**呈瓦片状系列排列，每个小口袋相互覆盖。保暖拉绒整齐地分布在睡袋表层。

– 睡袋底部**拉链**有两个拉柄，可双向拉动，过热时可用来散热。此拉链还可与另一睡袋相连，可容纳两人睡眠。

购买此类睡袋时，请验证两个睡袋是否兼容。一个睡袋拉链在左侧，另一个睡袋拉链在右侧。

– 商家出售的睡袋有多种尺寸。大号睡袋的优点是睡在里面感觉宽敞舒适，缺点是天寒时需要给更大的体积加热。

儿童最好使用小号睡袋，商场有专售。

正确使用棚屋

许多森林和山区都可找到无人看守的棚屋。

这些棚屋是自由徒步者的掩蔽所，里面总有一张桌子和一个烧木材的火炉。

为了对慷慨的棚屋所有者表示尊重，给其他徒步者提供方便，提出以下几点建议。

对于自由徒步者，重要的是：

取暖

砍伐一棵活树只能满足一己之私。即使能够点燃，绿色树木也不能带来热量。

仔细寻找，树上、地上总有些干树枝，甚至还可找到一棵枯树。到达棚屋后，放下背包，去周边的树林中寻找木材。

不要把绿色树枝或松针留在棚屋内，因为它们会腐烂。最好将它们放置在屋檐下或柴房中。

离开时，莫忘给后来的“居民”留下些木材。关好门窗，为后来者尽量多留些热量。

大便

远离棚屋至少100米。把粪便埋在土里，大自然自会将其分解。将手纸带回棚屋中，放入火炉中焚烧，或与粪便一起掩埋。

垃圾

空瓶子可做蜡烛盘，但棚屋内有三十几个空瓶子就过剩了。把它们带走！

不要留下任何食物，因为没有人会吃。也不要留下任何垃圾，因为垃圾会招来虫子。

清洁

每个棚屋中都有一把扫帚。进屋后稍事打扫，使您安然小憩。离开时也要打扫，方便后来人。

不要把炉灰倾倒在门口附近，因为黑色的灰烬会粘在您的鞋底上返回棚屋内。

欲知法国各地的棚屋，请查询：www.refuges.fr

遮风避雨

您有一个柔软的睡袋和舒适的地垫，几个度过温馨一夜的方案供您选择。关于露营的相关事宜，我们将在后面的章节中作介绍。除特殊天气外，可觅一处自然掩蔽所放置睡袋。商店提供各种配件：

睡袋外套 由防水材料制成。野外露营无帐篷时，可将其包在睡袋外面。睡袋应配有风帽。

这些设备可为您遮风避雨。某些睡袋外套采用简单的保护材料，另一些则采用涂层织物，有的配有防水透气隔膜，以避免凝露。还有一些睡袋外套内部配有铝箔，通过辐射作用防止热量外泄。

简易棚 是介于睡袋外套和帐篷之间的一种保护设备。采用与帐篷相同的材料，但只有单层布料。简易棚在脸部和足部有隆起的空间，便于头部和两脚活动，比睡袋外套更舒适。

篷布 是一种简单的防雨布，风格类似篷布或塑料布，家庭维修用品商店有售。其他有涂层的薄布在专卖店有售。可用绳索、木桩或徒步手杖来固定，也可用大自然中的树桩和石块来固定。篷布结实、轻便、防水，适用于任何场所。在（北欧、加拿大、热带雨林）多雨地区，篷布可作为帐篷的补充。

建　议

购买帐篷时，首先考虑露营的地点。

如果您有机动车，您的活动围绕着一个露营基地而展开，行李由机动车或牲口来运输，您可选择一款宽大舒适的帐篷，便于放置物品。您可装配挡雨披檐和厨房，帐篷的高度可容人站立。

如果相反，您的帐篷放在背包中，您应选择一款轻便帐篷。还可选择组合帐篷，不同的部分由徒步者分担。现在的商场中可买到双人帐篷，重量只有 2 千克。

为应对艰难险阻，譬如下雪、刮风、高山、暴雨、严寒，您可选择高性能帐篷，坚固耐用。由于配备了抓钩，便于安装，也可抵御每小时 100 千米的大风。

这些款式设计精良、形状优美，配有众多龙骨支撑。不过，它们价格不菲，且重量不轻……

切记您的帐篷并非一时之需。如经常使用，购买时应精挑细选。

不要购买太小的帐篷（以人均面积 200cmx70cm 为标准），以备气候反常时在里面滞留数小时之需。里面应可容纳您和同伴以及物品。

一个厨房可为做饭提供舒适的场所。

最后，仔细挑选帐篷内部的颜色。如遇困境，温馨的色调可避免长时间滞留其中的徒步者心情烦躁。

帐篷："森林小屋"

对于一个徒步者，购买一顶帐篷是非常重要的事件，因为一旦拥有了这个"蜗牛壳"，就会感到完全的自由。

有了帐篷，您便可以去那些多年梦想或令您心动的地方，在那里随意择地而栖："今晚哪儿也不去，就在这里过夜！"帐篷既是工具，又象征着人与自然的交流。

这个"布做的房子"就是您睡觉的卧室。双层布料保证了帐篷的防水防风性能，龙骨用来支撑，地钉用来固定。

内置帐篷 就是帐篷的"墙壁"，采用轻薄布料制成，有时仅是一个网状幔帐，可做蚊帐用，帐底是一块尼龙布，作为地毯。

此尼龙布的边缘应高出地面 10 厘米，起防水作用。帐篷内外的拉链都应拉动自如。如需要，可使用绳索辅助。制造商在帐篷内部配置了一些储物袋，便于放置小物品（眼镜、手表、药品、袖珍书等）。帐篷支架上的环扣可用来悬挂照明灯，有时还可悬挂一块布作为储物架。

双人帐篷两侧均有门，便于二人出入，避免踩踏对方。可利用两侧的门调节帐篷内温度，在炎热的天气，还可用两个侧门制造穿堂风。最后，有一种装置可将帐篷侧门卷起，并保持其处于开启状态。

帐篷上部有**双层帐顶**，如其名所言，它是帐篷的屋顶，为露营者遮风避雨。此屋顶由聚酯纤维制成，非常坚固，但惧怕紫外线。因此，帐篷应搭建在背阴处。尼龙帐篷性能更佳，但价格昂贵。尼龙格纹布帐篷更加坚固耐用。此种格纹布经过化学处理，比聚酯纤维的防水和透气性更好。

帐篷和厨房的大小取决于双层帐顶，其抗风能力也由顶部材料的性能决定。帐篷顶部开有通气天窗，采用尼龙刺粘搭扣封闭。风力强劲时，可使用绳索加固帐篷。

根据帐篷顶部的材料，缝纫针脚处或用胶带粘贴，或采用有涂层的防水布条遮盖，防止雨水渗入针脚。

支架用以支撑帐篷。支架采用金属空心管相互套接，接缝处用橡皮筋相连。玻璃钢管重量轻，但易碎。铝合金管更细，重量更轻，强度更佳，但价格更高。如支架中某根管折断，专卖店出售各种尺寸的管材，可以替换。

地钉用来将帐篷固定于地面。角铁型的地钉适用于坚硬地面。问号型的铝制地钉用途最广，但易扭曲。可将其置于坚硬地表，用铁锤敲打，使其恢复原状。

可用石块或随身携带的铁锤将地钉打入地下。地钉难以拔出时，可利用另一地钉将其拔出。

圆丘形帐篷 是当今最流行的款式。内室为半球形，由两根支架交叉支撑。由于此款帐篷具有自动成型功能，故无需固定于地面，且易于移动。由于工艺简单，此款帐篷成为物美价廉的首选。

隧道形帐篷 因其内壁近乎垂直，故最适于居住。此特点对于小型帐篷更加重要。此款帐篷形状规范，可在一端添加半圆形小帐篷。为抵抗强风，必须调整好帐篷的朝向。

某些帐篷底部较矮，因此而减少了支架的数量，也减轻了帐篷的重量。唯一的不便是此类帐篷不具备自动成型功能，因此必须全部展开才能支撑起来。

探险队帐篷 与上一款类似，但适用于冬季或探险等更艰苦的条件。人们常称其为“四季”。双筋支架交叉支撑，可抵御强风与降雪。双层篷顶延伸至地面，帐底配有防水布，用石块、积雪或土块压住，避免风进入帐篷内。某些款式配有结实的双层篷顶，便于在困难条件下搭建帐篷。

圆锥形帐篷 采用一或两根中心支柱支撑，也可悬挂于一根低矮树枝上，因此便于安装。此款帐篷通常只有一块布，适用于露营，也可作为厨房等集体活动场所，或搭建于营地边缘，作为公厕。

专用帐篷适用于团体露营。可选择大型帐篷，作为厨房、餐厅或客厅，便于团体成员间的交流。

“勘探队”帐篷 常见于北美严寒地区。此类帐篷的开口配有金属板，便于将火炉烟囱探出帐篷之外，因此可在帐篷内使用火炉。显然，此类帐篷只能使用狗拉或马拉雪橇运输。圆锥形、蒙古包形和其他游牧部落使用的帐篷已超出露营帐篷的范畴。

这些帐篷折叠后体积庞大，其运输之难大于徒步本身。

然而，在高山徒步旅游期间，可在此类帐篷内小憩。

此时，我们已经进入到主人的家里，一定要了解和尊重当地的风俗习惯。

搭建帐篷

应选择避风、平坦的地点搭建帐篷。避开不为人觉察的小坑，一旦下雨，它们便会成为水洼。

帐篷的入口应背风。

使用双层篷顶帐篷时，还应注意保持空气流通。

某些帐篷应先搭建双层外壳，然后再将内室悬挂其中。

此设计特别适用于雨天搭建帐篷。但此款帐篷的支架外套突出于帐篷之外，风力较大时易兜风。

在加拿大岩石嶙峋的山区，气候严寒且多雨。搭建帐篷前应在两棵树间悬挂一块雨布。同样，在非常潮湿的地区，可将雨布铺在地面，然后将帐篷搭建其上。

高级帐篷固定在支架的环扣上，双层帐篷采用环扣快速组装，几分钟便可搭建完成。

也可采用弹力绳将帐篷固定在露营地的地钉上。

在特别坚硬或柔软的地面，可采用拉绳将帐篷固定在岩石或附近的树干上。

帐篷的养护

单层和双层帐篷的门拉链通常设计为圆形，因此而降低了拉链的坚固程度。搭建和拆卸帐篷时，应关闭帐篷门帘的拉链。

拉动拉链时，应将两边的篷布靠拢，避免损坏拉链滑扣。保存帐篷时应关闭门帘拉链，防止沙粒或土块进入帐篷，致使拉链拉动时卡住或脱轨。通常采用肥皂或蜡烛在拉链上滑动，为其润滑。最后，如拉链脱轨，可用钳子轻轻夹紧滑扣两侧，即可修复。

清晨，帐篷是潮湿的，收起前应将帐篷全部摊开晾干。双层帐顶通常产生露水。应将帐顶取出，摊在地上或挂在某处晾干。

能够在露营地阴凉处安营扎寨，并且天公作美，这种运气并不常见。因此，在卷起帐篷前，必须将其晾干，避免里面滋生蘑菇和霉菌。

拆卸时，应用力抖动帐篷，使里面的灰尘和小石子掉出来，避免其扎破篷布。任何破损都应立刻修补，避免裂缝扩大。

饮水

徒步中，除饮料之外，清水也是做饭不可或缺的材料，因为携带的食物基本上是脱水的。

金属水壶 是“传统”水具，配有螺口瓶塞，体育用品商店里有各种品牌出售。起初，金属水壶是为呼吸困难者使用的微型氧气瓶。最初用于户外运动是作为装野营炉用燃料的容器。此壶的内壁经过处理，具有保温性能。但真正使它进入徒步者背包中的原因是其坚固和廉价。由此，它便替代了带汽水瓶塞的古老圆形水壶。而斯达汉诺夫环保工作者又用塑料苏达水瓶代替了金属水壶，因为这种塑料瓶同样坚固，且价格低廉。可用胶带缠绕壶体，为其加固。只要把橡皮绳或细绳系在壶颈处，便可将其挂在背包侧旁，伸手便可摘取。

但是，徒步期间不能让水壶咣当作响！应选择能装至少 1 升水的水壶，1.5 升水为一日徒步之最佳储水量。

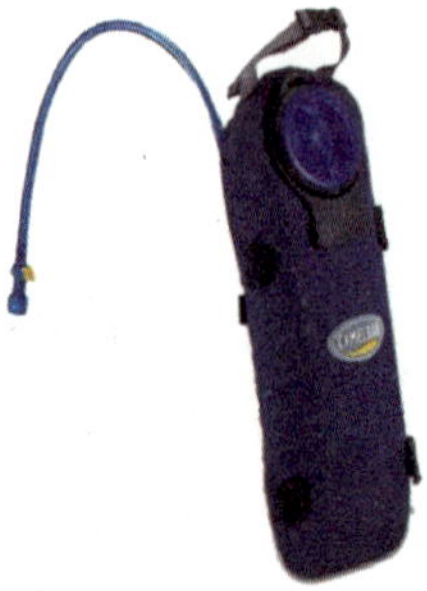

水袋 通常直接装入背包内专用口袋中。此种水袋有很长的软管，徒步者随时可以饮用。用牙齿咬住一个阀门，便可吸水。

这种水袋使徒步者在运动中能经常小口饮水。回家后，应将水袋倒空，敞口晾干，以免生霉。习惯坐在背包上的徒步者应特别注意，水袋比水壶和塑料瓶更易碎。

保温瓶 别称“暖水瓶”，人们更知晓后者。冬季非常实用。可在其中装入热药茶或儿童喜欢的巧克力，天寒时备受欢迎。茶与咖啡属于利尿类饮料，应避免饮用。

应选择有坚固的金属外壳的保温瓶。

高品质的保温瓶可保温 24 小时。

野营用水

如野营地远离取水点，应储备大量水以供饮用、做饭、洗餐具以及冲厕之用。手提塑料水桶是一种很好的解决办法。为避免漏水，桶塞应采用一种与桶体不同的塑料。不过，这种情况比较少见。撒哈拉地区的图阿雷格游牧民族每天都使用这种水桶，他们防止渗漏的独家秘诀就是使用一块塑料布密封。

自带设备的露营者可购买水囊，它柔软方便，节省空间。

最大的水囊能装 10 升水，配有带螺口的塞子，上面连接一个水龙头。

自然之水

与自来水不同，大自然中的水源未经任何检测，可能受到（人类活动带来的）污染和其他（细菌或病毒）侵害，不能饮用。

但是，当徒步者没有其他水源时，这种水也可解一时之需。

最有效的处理方法是把水煮沸几分钟。虽然自然之水口感好，但除做饭之外，沸水无法立刻饮用。经过简单的过滤，可清除各种污染物、病菌以及杂质。

活性炭 是市场上出售的最佳吸收剂。活性炭由木材或泥炭煅烧而成，可阻滞很多化学成分，可净化水质，改善其口感、味道和颜色。

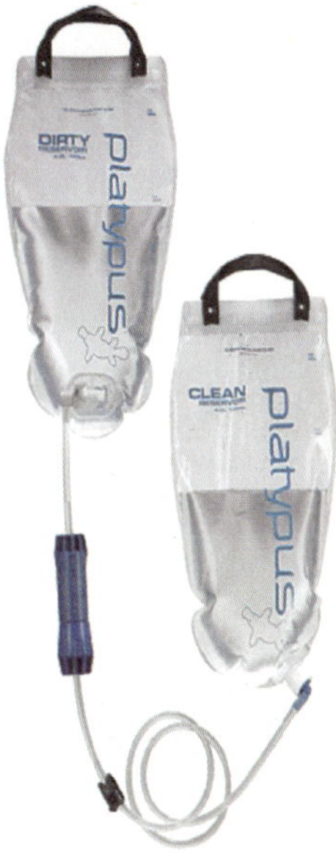

陶瓷过滤器 可阻拦某些微生物，但并非全部。一些小的病毒，譬如脊髓灰质炎和肝炎病毒，都可以穿过。此种过滤器只能作为化学处理方法的补充。

此类过滤器与自行车打气筒的工作原理相似，靠压力让水通过过滤芯。操作过程耗费体力，且需要耐心。近年来出现了一种新型水袋，利用漏壶原理，靠重力使水通过过滤器。脏水经过过滤器，消除污染，进入另一个水袋中，成为可饮用水。

如水质仅由于泥土混入而浑浊，可采用滤纸或滗析表层水即可。

利用氯或碘对水进行**化学处理**，这是城市自来水系统使用的方法。经过处理，一切都消失了。如若饮用，须等待至少一个小时，且水中含有一种不好的味道。药店中出售此种化学产品的片剂，商品名为 Micropure 或 Hydrochlonazone。

为遮盖令人不快的味道，可模仿清除水壶霉味的方法，在水中添加少许薄荷精、一袋茶叶或柠檬汁。

吃热餐

这里指的是露营。只有苦行者可接受每顿皆为冷餐，而我们却要考虑携带加热设备，至少可以烧点热水。

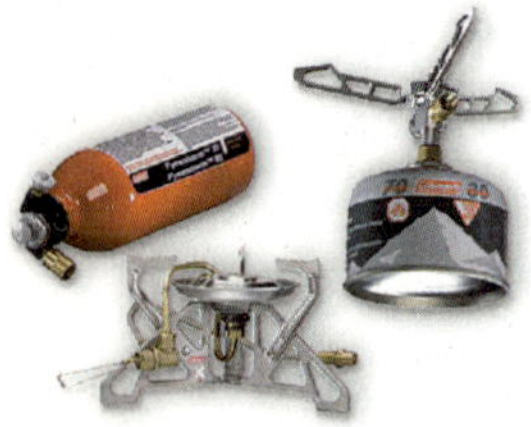

野营炉

商店出售两大类野营炉，即煤气炉和汽油炉。还有一种可使用两种燃料的野营炉。

然而，乘坐飞机时不能携带这些燃料。可咨询目的地是否有燃料出售。

煤气炉重量轻，操作简便。煤气罐的阀门为国际标准，适用于各种煤气炉。然而，震荡型煤气罐只适用于同品牌煤气炉。近年来，市场上出现了一种转换器，使煤气炉可使用两种煤气罐。对于小型团体近距离徒步，煤气炉是一种可信赖的设备。

煤气罐不同于普通商品，只在专业商店出售。另外，在高海拔和高寒地带，煤气罐的功能有所降低。煤气炉通常体积小，除非将三个煤气炉三角形摆开，否则不能承载大锅。

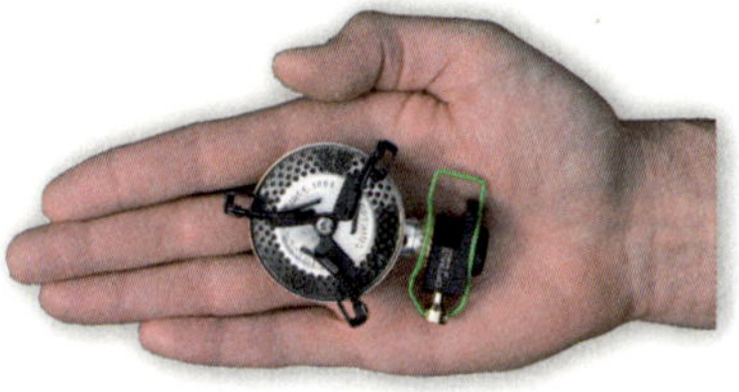

汽油炉 或称作液体燃料炉，设计简朴耐用，故障率低，便于安装和保养。随炉配有喷嘴，可使用汽油、粗柴油和煤油。

由于燃料的性质，汽油炉易沾油污，因此应定期清洗喷嘴。

为使汽油炉发挥最佳功效，应使用法国C型汽油，英国称为“瓦斯油”，西班牙称为“白柴油”。此燃料效果最佳。因其通常被用作去污剂，所以在药店可以买到。此燃料具有高挥发性，因此必须用密闭容器储存。汽油与煤气有同样的加热功能，但汽油的价格更低。汽油炉是探险者上乘之选。在世界各地，到处都可找到汽油炉的可用燃料。

由于使用压力泵，汽油炉在高海拔地带也可正常使用。只是延长一些给压力泵加压的时间而已。严寒时节，有时需要先用固体酒精给油罐和野营炉预热。

汽油炉点火：首先把油罐与压力泵连接。然后，打开油门，让小部分汽油流到炉中，随即关闭阀门。将这部分汽油点燃。汽油炉燃起黄色的熊熊火焰，蔚为壮观。此操作用来给炉体加热，使汽油发生汽化。绝不可在帐篷内进行此操作。稍候，火苗变小，颜色变蓝，炉子发出特有的嗡嗡声。此时，可重新打开油门，汽油炉便进入正常工作。

除需谨慎操作外，汽油炉还易熏黑锅底。液体汽油比煤气重，运输不便。汽油炉的价格普遍较贵。汽油炉使用方便，适用于高海拔和高寒地带的徒步旅行者。汽油炉又能使用大锅，因此也适用于多人团体。

酒精炉　适用液体酒精或固体酒精块。由于酒精的热量不高，因此，酒精炉只适用于加热少量水。固体酒精块能自己燃烧，用两个石块便可点燃。

还有一种**木材炉**，配有以电池为动力的鼓风机。这种几乎百分之百的生态燃料随处可觅。

如在帐外做饭，应注意野营炉的防风。通常，汽油炉与铝质软屏风一起出售。也可竖起一块石板挡风。一块平滑的石板经过野营炉或木材加热后，可以在上面烤制饼和面包。

篝火野炊

此种方法可保持某些食物的味道，为徒步者理想的野炊方法。无需携带燃料，现场随处可得。

篝火不仅可以做饭，其熊熊火焰还可为整个团队带来迷人的表演。篝火还可给人带来温暖，人们经常为此而点燃篝火。在寒夜降临之前，篝火为大家补充能量，也可烘干潮湿的衣物。

人们通常把团队露营与篝火联系在一起。然而，点燃篝火有其条件限制：

生态限制

在树木稀少地带，譬如荒漠、沙土地、冻土带和高海拔树木稀少地带，即使枯死的树木也对当地的植被再生起到重要作用。当地居民日常需要也造成木材稀少。

规定限制

在北美国家公园里，我们到处可以见到这样的警示牌：请带走您的野营炉。

在法国，5 月至 10 月为高原森林防火期，保护地带的防火期为全年。此禁令已基本制度化。

操作限制

篝火为一种不完全燃烧，产生的黑烟可熏黑饭盒底部，久而久之，如不进行彻底清洗，则影响加热效果。

最后为安全限制

应在没有可燃物的开阔地带点篝火。不要在森林覆盖的地方点篝火。篝火的地点最好选择在岩石上。

如无可能，可在地面挖坑，周边围上石块，以避免点燃附近草丛。最后，篝火必须有人看管，睡觉前或撤离营地时，应用泥土或沙子将篝火熄灭并掩盖。

篝火野炊的组织

首先，应采集足够的木材，以避免做饭过程中因木材短缺而再去寻找。如营地已有前人点过篝火，最好继续利用原灶。炉灶应足够大，可分为两部分。一部分用于保留火种，另一部分用于放置火炭。饭锅置于炭火之上，这样可避免把饭做糊。最好预先在火炭中放置三块大石头，然后将饭盒置于其上。

可将绿色树枝交叉置于火炭上，作为临时烧烤架，在上面烤制蔬菜和肉类。绿色树枝至少在您的肉类烤熟之前不会燃烧。

炊具

做饭需要相应的炊具。首先，用什么来装食物。若食物皆为冻干食品，烧些开水便可。水壶是烧水最好的工具。五金商店出售各种型号的水壶。

户外运动用品商店出售野营专用饭盒。

此类饭盒轻便，可以套装，节省背包空间，盒盖还可作平底锅。最传统和经济的当数铝质饭盒。经过特殊处理，此种饭盒可优化热量分布，故而节省燃料。

勿忘在饭盒上加盖，此乃加热之最有效方法。行囊沉重的徒步者可用铝箔代替盒盖。饭盒也可一物多用，以节省背包空间。

市场上近来出现了一种野营炉和饭盒一体的款式，还配有防风罩。此款可提高热效，节省燃料。目前此款只限于煤气炉。

从萨瓦地区的木柄折刀到拉吉奥尔弯柄小刀，或中央高原的梯耶尔刀，某些工具透射着强烈的地区特色和感情色彩，其锋利程度可谓旗鼓相当。而徒步所用的刀具只需几种性能：体积小，可折叠，可放入口袋中；逆止槽应将刀身牢固在开启位置。也许某日，您把折刀当作钳子或开罐器使用，若此时刀刃折返，割到您的手指，实乃遗憾之事。

有一些组合刀具，除小刀外，还有钳子、锥子、锉刀、剪子、螺丝刀等全套工具。瑞士刀自诩可满足您所有需求：

－“忘了带开瓶器……”

－“没关系，约翰带了他的瑞士刀！”

现在，由于全球经济一体化，瑞士刀可产自法国中央高原。

至少不应忘记携带一把小勺。不论做饭还是吃饭，不论固体还是液体，甚至搅动咖啡，小勺可谓一专多能。叉子不具备此功能，况且，正如泰奥多尔 · 莫诺德（法国探险家，1902-2000，译者注）所言：“此乃食肉动物之工具。”（《骑着骆驼远行》，巴贝尔南方行动出版社）

如饭盒里装满了食物，或前一天使用过并未清洗，此时，若想喝点咖啡或茶，杯子是不可缺少的。

有各种款式的保温杯，有带盖的、折叠的；有塑料的，容易损坏；还有金属的，喝热水时可能烫坏嘴唇。

在西藏，旅行者在露营地或取水路上遇到当地人，他们邀请旅行者一起用餐，旅行者把木制杯子用细绳挂在脖子上。

手杖：四脚并用

近十年来，手杖成为徒步的装备之一。

此前，只是当徒步者行囊过于沉重时才使用手杖。有时，远距离滑雪者在夏季训练时，为了进行模拟训练，也使用手杖。

徒步者很快便发挥了手杖的作用，把两只手也加入到推进力的队伍中来。

两肩和两臂成为两腿的补充动力。下坡时，手杖有助于降低冲击力，长期使用可有效地缓解膝盖受到的压力。

使用手杖徒步需要一定的协调能力。首先，向前迈步时，迈出右脚的同时伸出左臂，反之亦如此。稍后，可在脚步和手杖的频率间作微调，真正实现“四脚并用”。

越野行走运动诞生于北欧，近年来大有普及之势。此项运动可锻炼四肢，在大自然中和城市里均可进行。

“四脚并用……”

现有两种手杖:

单体手杖 主要用于越野行走,配有人体工程设计的护掌,将手掌包住。一些厂商还设计了护掌与手杖一体的款式,具有利于排汗、便于拆卸的特点。

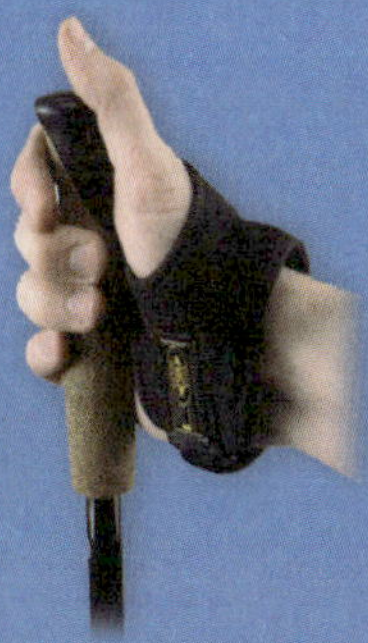

此款手杖形状设计独特,有利于身体上肢发挥最大效能。采用碳素玻璃钢材料,坚固、轻便、减震。杖尖可适应各种地面(路面、岩石、沥青、草地等),可更换。

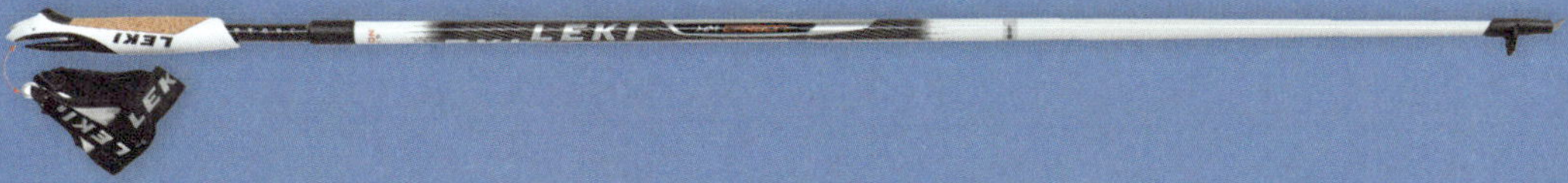

伸缩式手杖 优点是可以收缩,便于在背包或汽车后备箱中携带。手杖的长短可调节,可适应斜坡和上坡的地面变化。

杖尖的杖托可调换,宽大的杖托适用于雪地行走,较小的杖托适用于夏季。杖尖如损坏,可更换。

头灯

头灯用松紧带连接，可固定在额头。最初的头灯采用乳罩的松紧带。有的款式电池盒与头灯合为一体，有的置于脑后，有的挂在腰带上，而后者可以利用体温为电池保温（电池不耐寒），还便于携带大容量的蓄电池。

有两种头灯

白炽灯　结构简单，光线强，但钨丝灯耗电量大。此款头灯曾是所有徒步者使用过的常用灯具。此款灯具的优点是在照明的同时解放双手，以便阅读、做饭或做其他事。其光照度能满足夜间行走之需。一个传统的白炽灯泡可使用十几个小时，但钨丝灯泡只能使用 7 个小时。某些款式使用 4.5 伏的平板电池。但此类电池只在法国境内出售。旅游者应配备 LR6AA 电池转换器。

发光二极管灯（LED）　正在占据整个市场。坚固耐用，节省能源，电池寿命长。照明时间长达三十几个小时。

10 小时后，灯光亮度明显降低，但仍足够用来看书和做一些日常事务。最新款式的发光二极管灯配有调节器，控制电池能量的输出，可增加 10 小时照明时间。市场上这些新款式采用最新科技，性能更好，照度强，为洞穴专家、定向跑步者和自行车运动员所青睐。不过，价格不菲。

大部分灯具使用电池供电。而众所周知，电池污染环境，难以回收。因此，建议使用可充电蓄电池。

如在秋季旅游或徒步，应考虑携带备用电池或充电器。如远离城市村庄，还应考虑携带太阳能板。

急救包

一位朋友是紧急医疗救助服务(SAMU)机构的医生,也是山区旅游的领队,他曾说过:“我不携带急救包,因为一个真正的急救包起码有50千克重。”

在滑雪场的救助站,滑雪道养护员有时需要对重伤员进行处理。他们利用围巾、夹板等材料对受伤部位加以固定,使用消毒剂,但从不使用药物。服药是一种治疗行为,给药者需要承担责任。

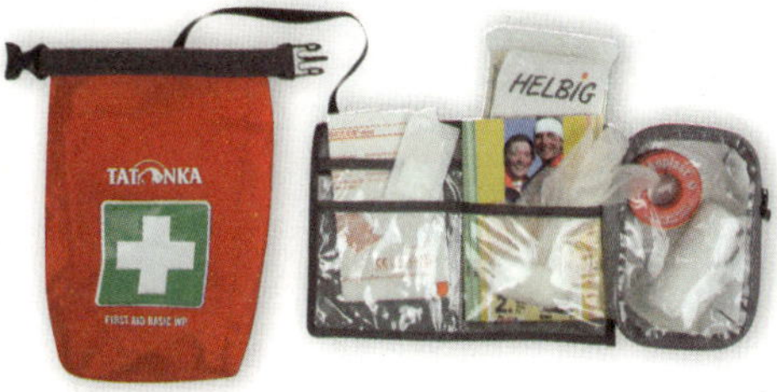

体育用品专卖店出售现成的急救包。可以购买,或按照要求自己制作。急救包中应配备包扎(橡皮膏、敷料纱布)、消毒、活动扭伤关节等用品。不要忘记配备处理脚泡的用品,徒步者脚上经常打泡。必备的工具有一把剪刀、一把拔毛钳。处理别人伤口时,必须佩戴乳胶手套,避免被伤口传染或使伤口感染。

关于阿斯匹弗宁,人们的意见分歧很大。有人指责这种打开伤口的治疗方式,认为这样会带来伤口感染的危险。况且,蝰蛇咬人的几率很小,由此带来的情况复杂化的统计数据几乎为零。

如在一个偏僻的地方长期旅游,应携带更加完备的药品。只带走自己会使用的物品。关于携带何种药物和器材,请向您的私人医生咨询。应携带一个体温计,以备出现炎症时使用。各国出售的化学药品名称各异,如在国外购买药物,应以药品说明为准。

若发生重大事故,譬如脱臼、骨折,可采用简易材料制作固定夹板。再次提醒,一个真正的急救包应有50千克重。所以,应携带有用的东西。

数字传感器对灰尘非常敏感

配件

照相机

徒步使用的照相机通常分两种。

便携式相机 此种相机因其机身小、分量轻，而受到徒步者青睐。市场上有几款相机具备防水防尘功能，甚至可以在水下短时使用。这些款式的相机非常坚固耐用，故而成为徒步者的好伙伴。

单反相机 此类相机配有反光镜，可透过镜头瞄准物体，取景框中见到的即为与实物相同的镜像。

镜头可以更换。数码相机常用镜头的焦距为 18×55 毫米（传统相机为 28×70 毫米，可把此数据乘上 1.5 进行换算）。

数码相机的传感器对灰尘非常敏感，应注意保护。在没有灰尘的环境中拆卸镜头。诚然，单反相机比便携式相机体积更大，分量更重，但效果更好。若您开始迷上摄影，您可购买各种不同的高档镜头，照片更加明亮，图像更加清晰。

第三种相机的体积和技术特点介于前两款之间，称作**快速扫描相机**。此款相机具备单反相机所有性能，但比单反相机体积更小，镜头不能更换。

有了数码相机，继而提出了图片存储的问题。1G 的存储卡可存 200 张 JPEG 格式 1 千万像素的照片。有内存更大的存储卡，但应多携带几张内存小的存储卡，以备万一遗忘之需。应将存储卡保存在防水防冲击的盒子内，便于各种条件下携带。

与头灯一样，相机也有电池问题。应考虑配备蓄电池、充电器、汽车点烟器插头、太阳能板等。数码相机显示屏耗电量大，应避免经常观看照片。对于使用传统相机的大师们来说，主要问题是如何携带胶卷。若一次徒步预计拍摄几百张照片，则需携带十几个胶卷。推荐一个小技巧，即将胶卷 6 个一组，装进旧幻灯片盒中。由此，您的胶卷既得到良好保护，又取用方便。

再也不用在背包中装满胶卷盒了。

摄像机

如果您更喜欢动画，市场上很容易买到小巧轻便的摄像机。最新款的摄像机与袖珍相机重量相同，配有新款硬盘，画面质量无可挑剔。摄像机也有照相功能，但目前相片质量尚未超过用手机拍摄的照片。

某些款式的摄像机可以直接把动画录制到 DVD 光盘或硬盘上。

这样可以免去旅游后刻录光盘的麻烦，但唯一的问题是如何保护光盘。徒步时，背包可能掉到地上或打开，可能进入灰尘。

您的徒步并非为 Arte 电视台拍摄纪录片，那您尽可把老式录像带妥善保管。

佳能和尼康摄像机已经展示了新的技术，即将配有硬盘的摄像机与照相机合为一体。往日的烦恼一去不返了。

双筒望远镜

与照相机一样，望远镜的质量取决于镜头的大小。玻璃镜片显然比塑料镜片好。对于防止反光效果而言，有色镜片效果更佳。但不要忘记这一点，若要看得清楚，透明镜片才是最佳选择。

购买望远镜应选择黄昏时分，您走出商店，观望一处成分复杂的景色（譬如一棵树的树叶），检验其是否可看清细部。

徒步望远镜　体积小，用于察看远处山坡上的小径、选择便于行走的山口或分辨出乱石堆中的山间小屋。可将其装入口袋或挂在胸前。

观察望远镜　体积较大，其清晰度与镜片的大小有直接关系，直径大的镜片清晰度更高。鸟类观察家使用望远镜跟踪鸟类。对于整天使用望远镜的人，舒适度是基本要求。

目镜环遮住人脸的两侧，防止光线进入镜头。长筒望远镜用于观察站，固定于支架上，使用方便。长筒望远镜比双筒望远镜体积更大，但其清晰度令人赞叹。夜幕降临后，肉眼有时很难辨别出鸟类，长筒便可解决此问题。

太阳镜

除遮阳功能外，太阳镜还可改善雾天、雪地上的能见度。

太阳镜的保护指数分为 4 级。

我们这里只对 3 或 4 级太阳镜感兴趣。指数 4 级的太阳镜专用于反光强烈的地区，譬如海边、荒漠、雪地、高山等。

还应携带一副备用太阳镜，以避免眼部炎症，视网膜受到伤害可导致间歇性失明。太阳镜的镜片或镜框应能更多地遮住脸部两侧。

手机

“喂，您好，我现在西罗纳山口的告示板前，我怎么才能回到我的汽车那里？”“哦，我们没有地图，但我们有手机。”

早晚有一天，我们到各地徒步，那里的旅行社的所有人员都会听到这两句话。徒步者的手机是最好的还是最坏的工具？首先，运营商只考虑利益。然而，他们对徒步者前往的人烟稀少地区毫无兴趣。因此，他们不会在那里建立中继站，也便没有网络。

在此情况下，从安全角度讲，手机不是一个可信赖的工具。人们通常盲目信赖手机，完全依赖手机，但手机却受之有愧。当然，如果有网络，一旦出现问题，手机是一个非常实用的工具。几年来，国家在偏僻地区建立了中继站。只有Orange和SFR两家运营商同意使用。

还应想到，在山区小屋中无法给手机充电。手机比较脆弱，怕被雨淋。因此，应将手机妥善放入背包中。

洗漱

如进行数日徒步，洗漱既保持心情爽朗，又有利于身体健康。野外洗漱通常使用冷水，而且有一定的规矩。

首先，应遵守环保要求，保护水源的清洁。如肥皂水流入河中，您便污染了河流。小水塘可用作水源，动物有时对水质非常挑剔，如果它们感觉到水质有问题，它们便不再饮用此水。

在高原牧场，人们尽量把徒步者使用的水源和动物的水源分开。

因此，洗漱时应远离水源。

可利用水盆（有一种可折叠水盆）、水壶或橡皮手套取水。人们常说：“我洗脸只用一升水就够了。”那么，现在正是时候，来吧！

马赛肥皂的用途最广。可用来洗涤衣物、刮胡子用泡沫、洗发香波和清洗伤口。可根据徒步的日程，将肥皂切割成若干小块。与洗脸一样，刷牙也应远离水源。药店出售牙粉。牙粉可装入胶卷盒中（我知道这东西越来越少了……），足够一个月的用量。现在有一种超细纤维纺织的毛巾，轻质且快干。此类毛巾都很小。在无水地区，譬如沙漠，可使用小包装毛巾。此类毛巾事前经过酒精或洗涤剂浸泡，用后易于焚烧。

天气寒冷时，若能忍耐亦可不洗漱。

其他……

可携带一些细绳、结实的线和针、用旧内胎剪下的橡胶圈和胶带，以备修理之需。还可携带几只衣服夹。遇大雾天或风速大于每小时100千米时，一把哨子可保障相互联系。

勿忘携带一些卫生纸和一个打火机，解手后将卫生纸焚烧，但应将卫生纸全部燃尽，防止发生火灾。在森林和低海拔地区，可在地上挖一小坑，将粪便和手纸掩埋，它们将变成腐殖土。为此，美国徒步者携带一把类似于园丁使用的小铁锹，除掩埋粪便和手纸之外，还可用于挖一个掩体或其他用途。

辨 别 方 位

我曾询问过穆罕默德，是否有摩洛哥地图，他似乎不知如何回答。经过我数日的坚持后，他把我领到马尔科克的阿里宾馆，那里出售一些供游客使用的当地山区地图。那是一张出色的黑白地图，我在上面轻而易举地找到了我的徒步路线。穆罕默德不仅是图卜卡勒山区导游，他还带团周游摩洛哥。即使在他不熟悉的地区，他也从不使用地图。他用传统的方法寻找路径，他对人们口头传递的信息有另一种解读能力，那些赶骆驼和骡子的人，都是他的信息来源。他的方法与我大相径庭，但却总能找到正确的道路。我们这些西方人接受的是西方教育，运用科学方法，可不论准备徒步还是踏上旅途，离开了地图我们便寸步难行。

地图

IGN
INSTITUT GEOGRAPHIQUE NATIONAL

在很多国家中，地图只用于军事用途，且难以寻觅。我曾在几个地方遇见一些徒步者，他们手里都有一张精美的彩色地图，比例为 1/100 000，上面标注有《美国空军》，由美国空军地理部门出版。

这些世界警察把全世界都画了地图，但这些地图只能通过地下渠道获得。

在美国和加拿大，出售一种 1/50 000 或 1/100 000 的地形简图，他们的国土实在太大了！如果在那里徒步，有这种地图也凑合了。

在法国（或瑞士），国家地理学院是一个功能强大的公共服务机构，他们的地图是世界上最优质的地图，能够拥有这样一份地图也是我们的运气。

地图比例尺的概念

地图有各种不同的比例尺。比例尺是现实距离与地图上的标注距离之间的关系。根据行进速度的快慢，可选择不同的比例尺和坐标。

徒步徒步者可使用 1/25 000 的地图，地图上的 1 厘米等于地面上的 25 000 厘米，即 250 米。同理，地图上的 1 毫米相当于地面上的 25 米。当我们在地面上走过 1 千米，我们便在地图上移动了 4 厘米。

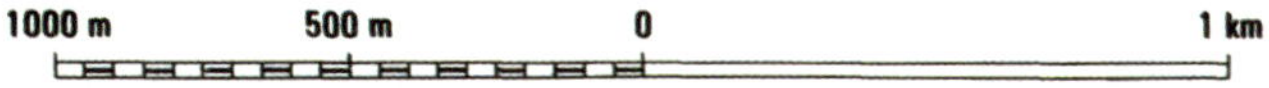

1/100 000 的地图用于驱车和骑自行车旅行。在地图上运用坐标来连接道路，1 厘米相当于地面上 1 千米。

带着地图徒步

带着朋友画的示意图或旅行社提供的简图，您可在地形简单的地区进行短途徒步。

亦可利用越野滑雪路线图或山地车路线图。还有一些主题路线图，譬如森林游、历史古迹游、山间小路游、自行车游等。

带着导游图，在有路标的地区徒步。

近年来，根据国家地理学院的数据，出版了一些导游简图。忽略细节，只保留重要的线路。

这种地图只保留了徒步所必需的信息：公路的连接、出发地点、山间小路和道路交叉点。还有旅游信息、有参观价值的地区、历史古迹、露营地、游泳地点等。

尽管GPS定位系统已经提供了区域化的信息，但由于缺乏协调合作，各系统间还无法实现资源共享。一条有意义的旅游线路还要边走边看。

这种示意图介于地图和简图之间，适用于那些不愿为寻找路径方向费脑筋的人。不过，仍需留意图例和使用说明。

简图就是将地图上的坐标或标识做得极其简单。为此，出版简图的合作部门雇佣了专门人员，负责对这些路标的维护。他们开辟新线路，与土地所有者协商，维护和设立山间小路的路标，制作和修改地图。

某些出版社与地区机构合作出版导游图。

这些导游图在商店里随处可见。越来越多的省、镇或自然公园开始出版自己的导游图，组织当地徒步活动。这种导游图的发行量有限，当地的书店、书报亭、公园管理处和旅行社均有出售。

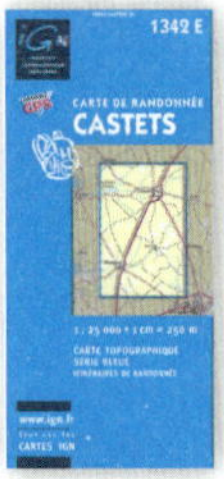

国家地理学院的1/25 000地图：适合徒步的地图！

与徒步鞋一样，这种地图是徒步者的必备工具。然而，这种地图并非户外运动专用。很多专业人士也使用此图，譬如城市设计师、考古人员、护林员、工程承包商等，因为这种地图提供了详细的地形资料，譬如公路、道路、树林、河流、建筑物、水源、水库、主要地名、行政区划等。

在特定时期，这种地图就是真正的地形“照片”。它们都是根据空中拍摄的照片制作出来的。不过，这种地图也存在着信息滞后现象，现实的地形情况已经改变，但地图还未修改。不断出现新的道路、房屋、小径（特别在农村和丛林地带），森林的边界也在不断变化，因此，地图标注可能出现错误。

法国有两个系列 1/25 000 的地图：“蓝图”和“顶尖 25”。“蓝图”系列把法国分割成 1 570 个长方形板块，每块面积为 $20 \times 14km^2$。“顶尖 25”系列有 325 种地图，其覆盖面积是“蓝图”系列的两倍。“顶尖 25”提供所有旅游景点的信息：山间小屋、攀岩学校、皮划艇的停泊点等。

越来越多的地图上都标注了山间小径。这些小路由志愿者或当地机构标注和维护，他们还与土地所有者谈判，请他们允许徒步者穿过他们的领地。

这些地图信息准确，可与各种定位工具配合使用，譬如指南针、高度表、GPS 定位仪等。然而，地图上标记符号的身份并未加以说明。徒步者并不知道他们走过的海滩、田地或小路是否私人领地。

使用这种地图不仅需要学习，而且还需要经常实地应用。

介绍法国的宣传册中通常有这些地图，容易找到。地图使用四位数字帮助查找，前两位数表示纵向（南北）位置，后两位数表示横向（东西）位置。“蓝图”系列地图上，字母 O 表示西，E 表示东。“顶尖 25”系列地图上用 OT 表示西，ET 表示东，同时还有地名。譬如，“3135 西，梅若弗－阿拉维斯山口”，指的是“3531 东，圣 · 热尔维 · 雷斑－勃朗峰高原”西部的一块土地。

在此块土地南侧，可找到“3532 东，雷萨尔克－拉普拉尼，瓦努阿兹高原”。

其他地图

比例尺为 1/25 000 的地图被称为“大比例地图”，但还有一些比例更小的地图，可供徒步者使用。

通常，一幅比例尺为 1/50 或 1/60 000 的地图可覆盖高山、地区自然公园等。这种比例无法覆盖整个法国领土。这些地图由国家地理学院或私人出版社出版，譬如里比利斯(Libris)或迪蒂埃 · 理查尔(Didier Richard)出版社。这些地图专为旅游或徒步而设计，如徒步者不远离地图的范围，这些地图可提供足够的信息。尤其在多日徒步中，这种地图可使徒步者凭视觉轻而易举地找到徒步路线。

比例尺为 1/100 000 的地图可覆盖一个省的面积，上面清楚标明大城市、公路、山区和森林的位置。有时，这种地图也标注一些小路。这种地图称为“散步地图”或“地区旅游地图”，它们覆盖整个地区，用 01 到 74 号分别编号标注，下面加注两座重要城市的名称。57 号叫做“卡奥尔 - 蒙图邦”，54 号为“格诺布尔 - 加普”。

还有一些更加细致的地图(比例尺通常为 1/10 000)，也可用于徒步导向，但商店并不出售此类地图。

电子信息地图

近年来，出现了地图光盘，大部分与 GPS 系统相连。

“探险者地图”系列是巴尤(Bayo)公司开发的产品，根据国家地理学院 1/25 000 地图，他们制作了可覆盖半个省份的地图。使用者应留意地图上标注的区域，因为某些山区或地区横跨好几个省份。

可以根据这些地图制定徒步路线，选择经过的景点，打印选择的区域。选定的路线可以转存到 GPS 中，也可将 GPS 中的路线图转存到“探险者地图”中。

市场上还有其他地图，有的更加完备，因其增加了复杂的接口、三维动画，以及其他比例尺的地图。所有这些地图的基本数据都来自于国家地理学院。

需要注意的是，有些地图不能与苹果电脑兼容。

1/25 000 比例尺的地图是徒步者的常用工具

鸟瞰

还可利用航拍照片，但操作比较复杂。将两张照片固定在一个图板上，相互覆盖 30%，利用立体镜观看地形。

国家地理学院出售的照片可覆盖全法国，用于制作地图，但使用地图更加方便。石油公司也拍摄空中照片，用于地质勘探，但这些照片难以寻觅。

现在可以在网上找到卫星照片，最著名的是谷歌的“Google Earth”，可下载。可以根据习惯查找徒步的地区，然后将显示屏上的地图打印下来。但是，这些照片不能覆盖全部地球，其精确程度和质量都无法与 1/25 000 地图相比。这种照片无法表现地势高低，由于图像拼接和处理手段的差别，不同区域间的主体颜色也存在差异。最新技术可以在这些照片上直接画出徒步路线，可下载存储，便于携带。

还有一些网站也有可视地图。在国家地理学院网站上，可进入法国“Spot”卫星图像库。这些图像覆盖大部分地球，亦可购买。在美国国家航空航天局的“可视地球”网站上，可咨询“地球观测”（Landsat）卫星图像库。

追寻《英国病人》的足迹

我偶然得知，电影《英国病人》的灵感来源于一个真实的故事，那时一切都已经开始了。游泳者的洞穴隐匿在埃及边界的大吉勒夫高原中，洞中古怪的史前壁画早已存在。这个洞穴靠近苏丹和利比亚，距有人居住地区 500 千米。我咨询了一起工作的埃及工友，终于组建起一个探险队。2007 年 2 月，我们 6 人勘察小组出发了。我们首先在卫星图像网站上找到一些图像，令我们心驰神往。

根据美国国家航空航天局网站的图像，小组成员贝尔纳制作了 1/50 000 地形图，可以清晰看到我们要寻找的地点。

地球观测卫星的图像都经过相同技术处理，颜色一致，看起来赏心悦目。

可惜不能在这些图像上重叠地理数据。只能手动画出子午线和纬线，以便随后的 GPS 定位。

察看地图

我们以 1/25 000 地图为例，这是徒步最常用的地图，其他地图的参照点和比例尺各不相同。

地图比例尺总是标注在封皮和图例上。不可能把所有细节都标注在地图上。地图上的大量符号代表着主要公路、次级公路、小路（用黑线表示）、省和市镇间分界线、房屋、山间小屋、洞穴入口、电缆线、牵引装置以及其他符号。

地图的图例也提供制图信息，譬如空中照片的拍照日期，据此可了解地图的信息是否有效。最新的磁偏角也加以标注。

色彩码

浅绿色代表林区，**深绿色**代表森林边缘。

蓝色代表水，譬如湖泊、河流、水源、水库、水塔，及其地名。与水相关的旅游用象征符号也用深蓝色表示，譬如游泳池、温泉站、游艇码头、浴场、皮划艇停泊点，以及冬季滑雪站、越野滑雪中心、徒步滑雪线路等。

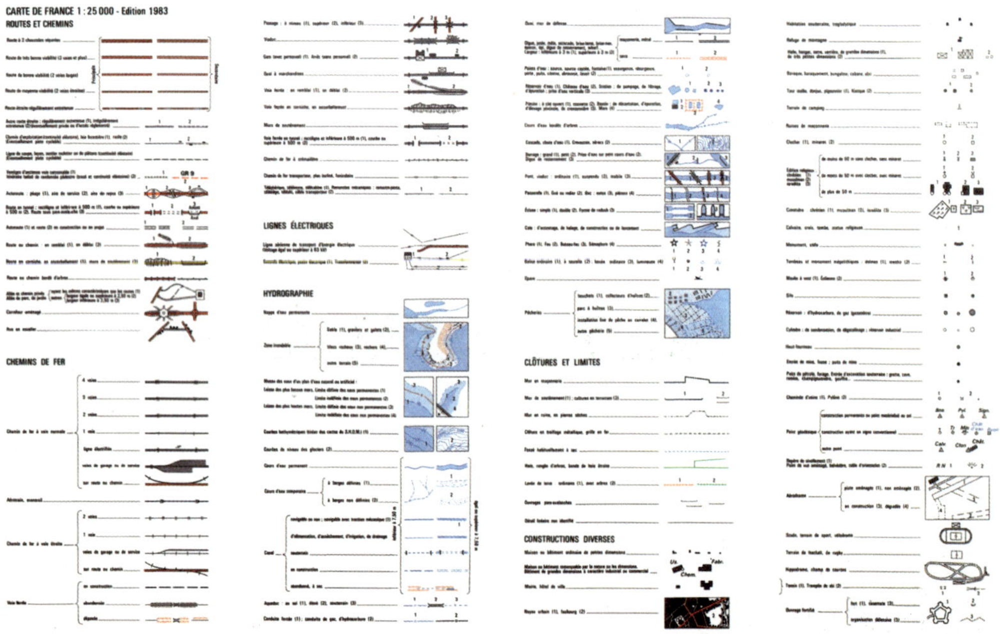

橙色代表主要公路，也代表地形，譬如山坡、壕沟、水平曲线等。黄色代表次级公路。

深玫瑰色 / 红色代表旅游景区，譬如山间小屋、露营地、野餐地点、探奇之地以及旅游信息提供场所。有路标的小路也用此颜色标注，便于识别。

黑色用于勾勒地形平面投影线，譬如房屋、桥梁、公路、铁路、行政区划、岩坝、峡谷等，以及所有地名。

地形的标注

按照约定俗成的规则，地形图的光线都来自于地图左侧西北方的上空。这种照明模式相当于 6 月傍晚夕阳余晖的角度。

所有背阴坡都采用光线晕化技术加以表示。山坡越陡，颜色越深。

此技术可增加地图的可视性。稍具经验者便可从远处清晰看出地势变化。

同纬度的点用橙黄色线连接起来，地形标注更加精确。这些都是高度曲线。每条线之间的距离称为等高线距，在图例中加以标注。在 1/25 000 的地图上，这个距离为 10 米。

每 5 条线中就有一条线画得比较粗，称为主曲线。两条主曲线之间的高度差为 50 米。在主曲线上，海拔高度用橙黄色标注，数字的上端亦即山坡的上端。

曲线的形状代表地势起伏的角度。同心曲线代表一座山峰。V字曲线代表山脊或山谷。根据这些海拔数据，徒步者可以掌握准确信息。两个同心曲线之间的空间是山口。曲线之间越紧密，说明山坡越陡峭。反之，曲线之间的距离越大，说明那是一片平坦或略有起伏的土地。

最后，黑色线条也表示地形变化，海拔高度用数字明确标注。譬如公路交叉、山峰等。有时，它们与大地测量的标志相符。

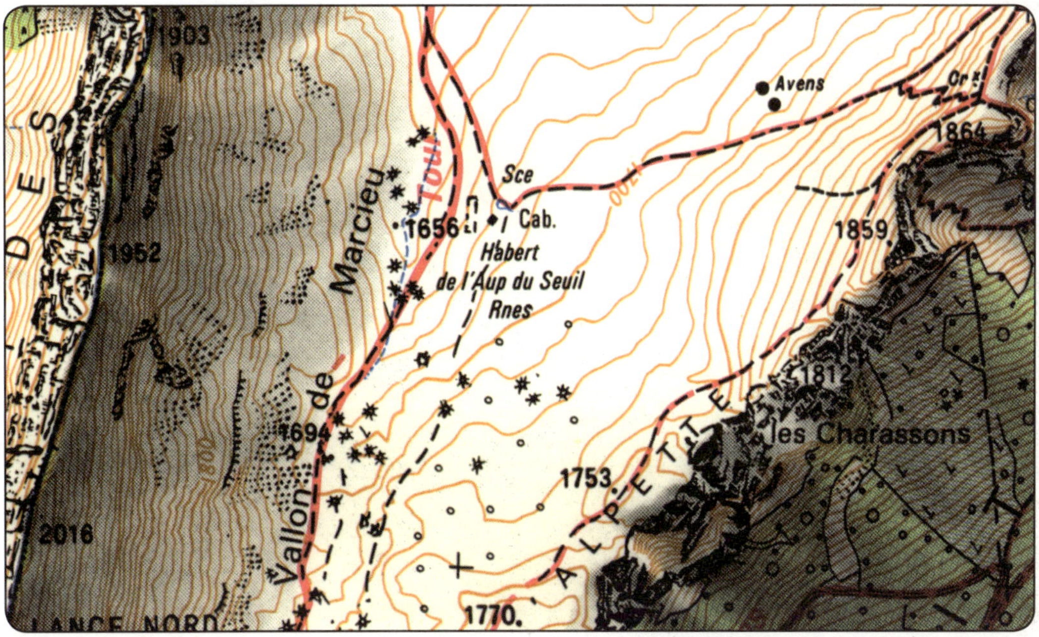

地图的计算框架

制作地图的最大问题是如何用平面轴线表示地球的面积。为此，地图绘制者用横圆柱面套在地球椭体的外面，与中央经线相切，并使横圆柱轴通过地心，然后根据等角不变的道理，用数学的方法将地球的经纬投影到横圆柱面上，再将地球表面的地物、地貌描绘在平面图上。这些投影肯定是折中办法。

“大地测量系统”可将圆锥体或圆柱体分成方格。这种方格可以给地图上的每一点一个数据，便于查找。X 代表经度，Y 代表纬度，Z 代表海拔高度。大地测量方法不同，地图上的方格也有多种方式。

用黑色线条将地图分割成许多方格，这些线分别代表经度和纬度，用刻度表示。数字标注在地图边缘每条线的两端。

纵线代表子午线，朝向北方。使用指南针时就是利用子午线为参考，因为这些线代表北方，在地图的边缘都是平行线。投影制图方法是荷兰人麦卡托（Mercator）于 1552 年发明的，被称为“麦卡托投影法”（NTM）。譬如，49.70gr 这个数字代表地图上的平行纬度。赤道是零纬度（零度平行线）。

从纵向角度看，1.70gr 代表一条与（英国）格林威治子午线平行的经度。格林威治子午线为零度。此线穿过法国，从勒阿弗尔直到塔布。

在地图的外框，纬线和子午线十字交叉，表示经度和纬度。

黑色的 3 或 4 位数代表地图上的黑色小叉的数据，是国家地理学院制作郎贝尔地图的方法。

由这些十字框定的方格空间每个边长为 1 千米。郎贝尔投影法将法国分成三个区域，称作郎贝尔 1、2 和 3，再加上第 4 个区域，即科西嘉岛。当圆锥体和地球相切，并于投影的锥体相乘时，郎贝尔投影法才准确无误。

最后，地图上有蓝色方格，方格外纵向标有 3 或 4 位蓝色数字，此数字与蓝方格相对应。这些数字符合世界大地测量体系（WGS84）的标准。

1984 年，此体系在全世界得到推广，GPS 系统目前正在使用该系统。蓝色方格每条边代表 1 千米。

但是，个别地图并未采用此体系。

160
S
200
220
SW
240
260
W
280
300
320
N

辨别方向的工具

指南针

中国人发明了指南针，维京人使用过指南针，指南针已经成为可信赖的定向工具。尽管出现了许多现代定位工具，但人们对指南针仍无法割舍。

地球磁场制造了磁力线，每条磁力线都朝向地球的磁极。指南针的磁性表针方向与磁力线平行，亦即指向磁极。

可惜，北磁极并非位于地球的北极。而且，磁极仍在不断移动！指南针所指的磁极与地图所标注的地球北极形成一个夹角（子午线在地球顶端的交汇点）。此夹角称为磁偏角。地图上都标注磁偏角，以及每年的变化。

在法国，人们实际上对此并不在意。但在一些国家，磁偏角却可能带来严重失误。地图的上方被约定俗成地认定为地球的北方。

最简单的指南针有一个透明表盘，上面刻有指针和一些平行线。指南针的边缘有刻度，便于在地图上测量距离。

指南针后面有一个透明的圆盘，可以转动。圆盒的边缘刻有 360 度和东南西北四个方位。北方为零度，由一个定位箭头表示。

圆盘底部刻有线条，线条与定位箭头平行。圆盘中央有一个轴，带有磁性的指针安装其上，可自由转动。采用水或油为指针减震。指向北方的箭头通常为红色。

指南针如接近金属物体，譬如腰带金属扣、汽车引擎盖等，或手机、电线等的电磁波，其功能可受影响。在使用指南针确定方位之前，首先应观察自己所处的位置。

指南针的瞄准器可瞄准景色中的一个具体物体，利用多棱镜或镜片可同时看到指南针表盘，亦即行进的方向。

GPS 接收器

全球定位系统(GPS)接收美国空军发射的24颗卫星发出的信息,这些卫星分布在地球周围的轨道上。

如接收器收到3个以上卫星的信息,便可提供定点信息(纬度和经度)。第4个卫星可提供海拔高度信息。此系统精确度可达10米。与电脑一样,接收器也有页面和菜单。可将徒步路线数据和要经过的地点输入其中。

可在家中准备徒步路线,也可边走边存,以便回程时不会迷路。坏天气时,此功能用处更大。GPS可提供目前为止到下一个地点的距离,以及所需时间。

大部分GPS都具备高度标记和指南针功能。高级GPS还有电子地图存储库。与电脑连接,可与市场出售的光盘兼容。

需要注意的是,每个系统都有自己的特点。购买时,需了解哪一种电子地图可与您的GPS兼容。这样,您便可以在电脑上准备徒步路线,选定所要经过的地点,并将这些信息存入您的GPS。反之,您也可利用GPS存储徒步的信息,然后再存入电脑。

欧盟正致力于建立一个自己的卫星系统,即未来的"伽利略"计划。该系统将与美国系统联手,可信度和准确度将明显提高。GPS唯一的限制就是接收卫星信号的盲区,比如在茂密的森林里、深山峡谷中、山崖边、建筑物或汽车中。

切记携带GPS充电器,不需要时将其关闭。气温过低时影响GPS的功能。与所有电器一样,GPS也可能发生故障。

GPS并不能取代地图和指南针,而且还需掌握使用方法。

高度表

高度表通过大气压力的变化来表示高度。海拔越高,大气压力越小,高度表就是通过机械或电子装置表现这种变化,进而表现高度变化。确定一个准确地点时,高度是重要信息,譬如一个山间小屋、一个山口、一条小路或一个山坡。

大气压力随天气条件而变,因此,每经过一个已知海拔高度的地点时,应校对高度表。这是获得可靠信息的保证。

高度表也可用于天气预报。如长期滞留一地(露营、山间小屋、长歇等),高度表上升,则气压下降,说明天气将变坏。

配件

地图套袋 为透明口袋，徒步者将其挂在胸前，避免损坏或打湿。可将指南针和铅笔放入其中，便于取用。折叠地图时应将所处区域显露出来，将预计徒步路线一面朝外放入地图套袋中。

恶劣天气时，地图难以打开和折叠。“顶尖 25”地图每个边长约 1 米，雨中极易打湿损坏，或被狂风刮走。出发前，应将地图装入套袋中，或找到避雨处暂时躲避。

量角器 可用来画出徒步路线的角度。方形量角器上刻有方格，可根据地图上的方格准确计算行进距离。

记事本 可勾画行进图表，记载信息。这是一个不可忽视的工具。配有粗芯铅笔（不会发生故障），您可用来画出行进方向。没有铅笔便没有方向！铅笔应放入地图套袋中。

走步器 固定在腰间，用于测量所经过路程的步频。通过计算徒步路上的步数，可了解走过的距离。但走步器的使用有很多规则。

在平地上，走步器可精确计算步数。譬如，在地图上您测量出距离 250 米远处有两条小路相交。

曲线测长仪 体积小，配有滚轮，可沿着地图上的徒步路线滚动。

通过指针或计数器可根据比例尺直接显示地面距离。

辨别方向

在世界的所有地图上，北方约定俗成地位于地图上方。地图的边缘及平行于边缘的子午线均叠印在地图上，代表北方。

在法国，地磁的北极位于地球北极东侧，相差十分之几度。

由于差别过小，可忽略不计。相反，越靠近北方(加拿大、西伯利亚、北欧国家等)，差别就越大。可在指南针的表盘上添加几度来补偿。为便于使用，本书对此不予考虑。

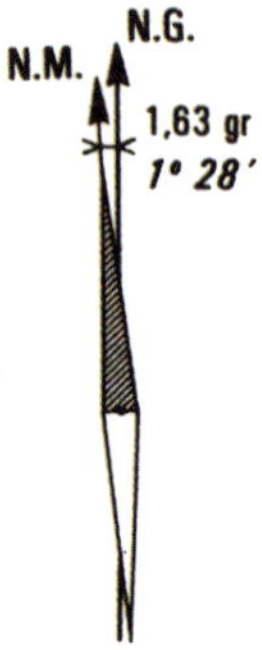

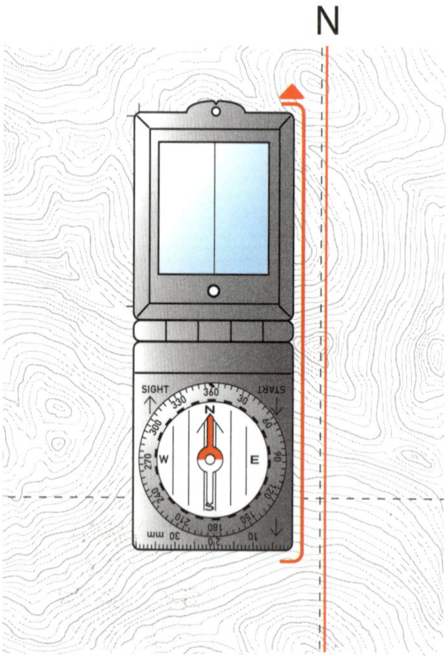

将地图朝向前进方向

不论您使用何种地图，地图上的地形显示与实际见到的情况相似。当路上遇见岔路口时，此操作可帮助找到正确路径。地图应始终保持与行进方向一致。

地面上的参照点

可通过地面上两种参照物来确定方向，譬如山峰、山口、村庄、建筑物等。当然，这些参照物应标注在地图上。

这两种参照物应具备充分的特点，按照它们的延长线，能辨别出您所处的位置。

海上航行时，这些参照物称为“海边助航标志”。利用海岸参照物，譬如海角、小海湾、岛屿、港口、灯塔等，可了解自己所处的位置。

利用指南针

如您身处茂密森林、深山峡谷或浓雾之中，您可不借助于任何可视参照物，在地图上找到方向。

为此，应将指南针的北方与地图的北方置于相同方向。

首先，将指南针的指针朝向N点(零度)。

调整好指南针后，将指南针放在地图上，然后转动地图，直至地图上的北方与指南针的北方完全重合。

在地图上计算距离

确定路线后,您一定想了解路途的长短。您可以利用地图进行计算。

- 计算直线距离,若从“鸟瞰”角度测量或路线较直,您可使用分米尺或指南针的小尺进行测量。
- 若路径蜿蜒,可使用曲线测长仪来测量曲线长度。
- 若无这些工具,可利用一张纸进行测量。首先,从白纸的一个角上开始画线,将白纸的边缘沿着徒步路线移动。

- 在每一个拐角或拐弯处作一标记。白纸将准确地沿着路线行进。
- 最后,将小尺或白纸测量的厘米数用地图的比例尺进行换算,便可得到总长度。这样,您便知道了将要走过的路途距离。

需要注意的是,地图是平面的,若山坡太陡,地图上测得的距离将远远小于实际距离!

估计行走的时间及距离

为估计行走所需的时间及距离,可参考下列基本数据:

- 在平地上,人大约每小时行走 4 或 5 千米,约每刻钟 1 千米,每分钟 60 到 70 米。
- 在起伏不平的路上,每小时可攀登 300 米。在 1/25 000 地图上,从一条曲线到另一条曲线,大约需要两分钟。
- 根据坡度的大小,下坡平均速度约为每小时 400 到 600 米。

最佳方法是根据个人习惯、徒步类型和负重多少,提前在地图上做好时间标记。

在浓雾、下雨、大风等困难条件下,一些路段需要格外小心,如岩石、车辙、灌木、湿滑地面、沙土、积雪、泥浆等。在这些路面上行进,速度显然会放缓。

也可像定向跑步者那样,校对自己的步伐,以便了解在一个短距离内精确的行进距离。

知道自己在地图的什么位置

这显然很“小儿科”，但若知道去向何方，首先应知道自己身在何处。为此，地图绘制人员称此操作为“测定位置”。

- 首先，找到一个容易在地图上发现的参照物；
- 借助于指南针箭头，瞄准这个参照物；
- 转动指南针的表盘，使表盘上红色标记的北方与指针红色的一端相重合；
- 箭头指向的数据即为测定位置的角度，将这个角度标注在地图上。

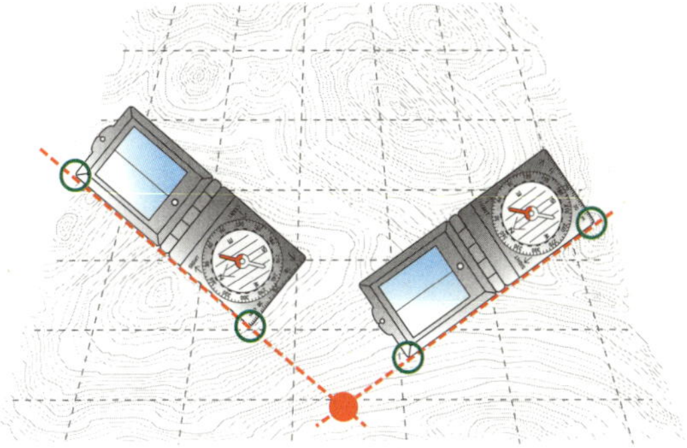

地图上的作业不能忘记指南针。

- 保持指南针表盘的位置，将指南针放置在地图上，使其与地图的边缘线、子午线或您前期画下的平行线相吻合；
- 指南针表盘的箭头应指向地图上方；
- 纵向移动指南针，使其边缘朝向瞄准的参照物；
- 沿指南针边缘画一条延长线，即可到达所瞄准的参照物。您的位置就在这条线的某处。还需确定精确位置。

如您走在公路、山脊、小路上，或走在一条河边，测定位置的那条线与这条小路的交叉点就是您在地图上所处的具体位置。

如您身处在人们所说的南美洲的潘帕斯草原上，您还需找到景色中与第一个参照物不同的一个参照物，进行第二次位置测定。

将这第二个参照物标注到地图上。

两条线的交叉点就是您的位置。

还可利用第三个参照物。此方法称为三角测量法。三个参照物的延长线通常不能准确相交，但可根据您瞄准的精确度，画一个大三角形。如果三角形过大，则需重新开始。您便位于这个三角形中的某处。

仔细查看地图，便可找到您在地图上的准确位置。

另外，GPS 接收器也运用此技术，从三个卫星那里接收信息，以确定您的位置。

在有路标的小路上徒步

在法国和大部分西方国家，许多小路上都有路标，为徒步者提供方便。

私人出版的 1/50 000 地图和国家地理学院出版的地图上也标注了某些徒步小路，用红色代表。当然还有那些徒步专用导游图也标注了这些小路。

在法国，大部分的小路都有路标，带您参观历史古迹，观看美妙风景。

一些小路呈环形，另一些为直路(起止点不同)。在这些小路上可进行一日或数日徒步，距离可达几百或几千千米。有些小路穿越了欧洲，有一些沿着美洲海岸蜿蜒前行，还有一些通向神秘之地，譬如孔波司代尔(Compostelle)的圣 · 雅克朝圣之路。

尽管有路标，徒步者仍需多加小心：

– **一路上应不断察看地图**，以查找必要的参照物，如桥梁、废墟、交叉路口等。同时，地图上的徒步路线应熟记于心。若未见到应该出现的参照物，应重新考虑，找到自己更精确的位置，或返回上一个参照物地点。定向跑步者将他们的大拇指放在地图上，指出最后一个参照物的地点，确信他们刚从那里离开。

– **找到起提醒作用的彩色标记**。时刻保持警惕，注意是否见到彩色标记。如长时间未见彩色标记，可按原路返回，所有大路标的徒步小路都是双向的。

– 如路标消失，您很可能走错了一个路口。带路标的小路经常有人走，除石子路外，地面上可看出行人走过的踪迹。

– **不要忘记，自从地图绘制以后，地势可能发生变化**。有人建起房屋，土路变成了柏油路，拖拉机截断了您所走的小路。设立路标的人员经常核对路况，以适应这些变化。但他们都是志愿者，无法同时照顾到所有道路。

– **把路标熟记于心，集中精力在景色中找到参照物**。森林中的路标通常固定在树上。若路径蜿蜒曲折，由于角度变化，一些树干可能遮掩路标。

– 在非常潮湿的地面，路面可能下陷，变得泥泞。徒步者应尽量避开这些区域，还有一些平行小路可走。特别注意不要远离有路标的路线。

设立路标的技术有好几种。

用石块堆成路标

只需把大块石头堆起来便可做成路标。

此类路标有些只是一堆石块，有些结构复杂一些。

从远处山谷或周边的山顶便可望见高大的石头堆。中等的石头堆主要用来标记路径。应保护石头堆，您也可在上面添加石块。

石堆可能是世界上最古老的路标，世界各地到处可见。徒步路线利用了大部分古老的石头堆。在佛教国度，刻有经文的石头堆可以变成“嘛呢墙”，用以保存圣贤的圣骨。在一些地区，石堆还可用来划分两块土地，标记私人或村镇的地界。

在石头遍地的地方，需要特别注意才能在乱石中找到石堆路标。有时可见到非常小的石堆，一块石头压在另一块上。这也是路标，但只用于少数人，如猎人、登山者、洞穴学家或科西嘉的自治主义者。

石堆路标必须用心寻找才能发现。

箭头和彩色标记

这是最常见的设立路标的方法。简单的路标只是在树干上涂上油彩，复杂的路标采用单线、双线、十字、箭头或图标。不论树干、地上的石块、岩石、地界桩、房屋，还是村庄的指示牌上，到处均可设立路标。十字路口经常设有路标，徒步线路上也常见彩色路标。

木桩

有时，在开阔地带无处可画路标，人们便设立一些木桩作为路标。

木桩路标常见于几条小路交叉的路口。

木桩上画有箭头，为徒步者指点村庄或山口的方向。上面还有不同徒步线路的号码或图标。

越野徒步

必须使用地图，而且越精确越好，在法国可使用 1/25 000 地图。

在投入到这场探险之前，应认真研究徒步路线，避开最困难的障碍和风险。没有特殊装备和技术，这些障碍无法逾越，譬如冰川、悬崖峭壁、峡谷激流等。

随后是选择最合理、最轻松的路线，哪怕绕一点弯路。有时，与其爬上山顶再下到山脚，还不如绕山而行。山顶风光无限，山谷小溪潺潺，山腰层林尽染，各有其妙。

然后，经常需要在地图上寻找地面上最小的标记，如交叉路口、风景区、大地点、水库、废墟等。

除察看地图外，还应经常使用指南针，检验行进方向是否正确。若心存疑惑，可在视线允许的情况下测定位置，或运用三角定位法明确自己的所在位置，以免完全迷失方向。

如遇到路上有人留下标记，怎么办？这个问题问得好。那些留下标记的人未必是徒步者。森林拖拉机运送木材，一定会在地面留下痕迹。野生动物经常出现在同一地点，也会在地上踩出一条小路。

相反，倘若您的徒步目的地是人们经常光顾的场所，循着路上的踪迹您便可到达目的地。

踏着别人的足迹前行，您需要小心谨慎，经常观察方向是否正确。从心理角度来讲，独辟蹊径是困难的。

是的，找准方向需要决断力！

大自然中有一些小路和有人走过的踪迹，它们没有路标。有时为保护当地的原貌，故意而为之。

另一些小路连接高山牧场、林区，多少世纪以来，人们在这些路上迁徙。

某些小路因无人行走，如今已荒芜。另一些则被其他道路取代。在1/25 000地图上，用实线表示这些小路。有时，这些实线可能突然中断。由于小路突然停止或消隐在森林中，航拍照片无法拍到这些小路的后续部分。

走小路可优化或缩短徒步路线，不过也可能将您带入另一个冒险之中。

找准方向需要决断力！

使用指南针导航

如没有现实的参照物，地图可能孤掌难鸣。

夜色沉沉，浓雾笼罩，狂风暴雨，茂密森林中您只能见到几棵树，能见度只有几米。相反，在平坦无垠的大地上，没有任何有特点的参照物，您无法知道自己身在何处。

这时，只有指南针能帮助您辨认方向。这里所讲的便是导航。收纳地图之前，应确定行进方向，然后朝此方向前进，称作“定向行进”。

确定一个行进方向

首先，在您的所在地 A 与目的地 B 之间画一条连线。

- 利用指南针或量角器在地图上测出行进方向与地球北方之间的夹角。
- 将指南针边缘与这条线重合，然后转动指南针，使表盘的线条与地图北方的线条相平行。
- 指南针表盘上标记的数字就是行进的方位。

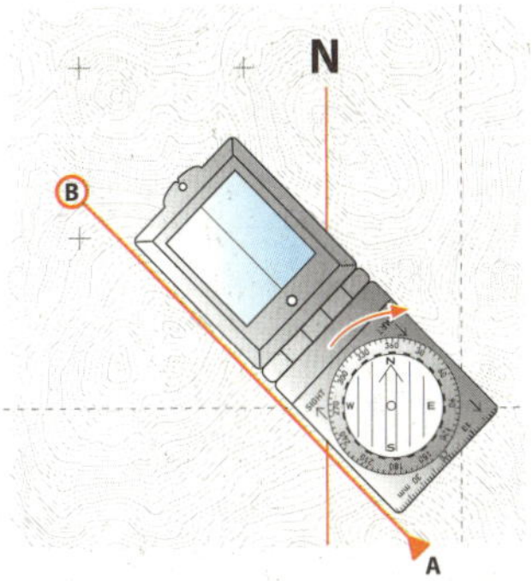

朝着方向前进

不移动指南针表盘，转动身体，使指南针表盘上的 N 点与指向北方的指针相重合。由于磁偏角，应增加几度进行调整。

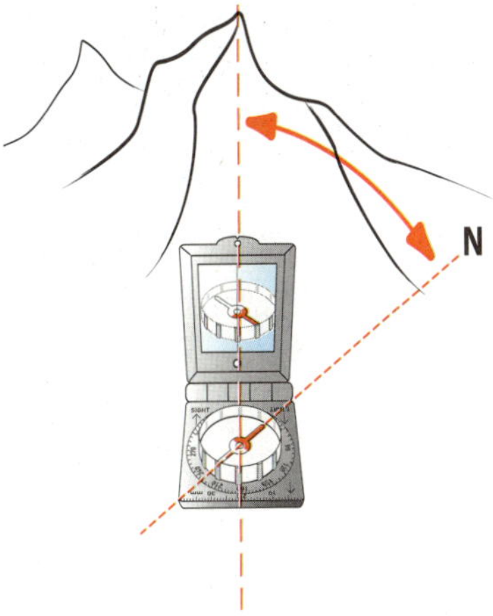

箭头所指方向即前进的方向。

然而，手持指南针，按照指针的方向前进，我们不可能这样做。走出几米后，您的手臂会移动，就会改变您的行进方向。

重要的是瞄准前方的一个点，譬如一块岩石、一棵树，然后向这个方向前进。到达之后，再选择前方另一个目标。

在浓雾或旷野中，若无可视参照物，可利用一个同伴作为参照物。让他在视野范围内尽量远走，同时给他指引方向，让他保持在正确的路线上。

您与他会合，然后重复此操作。您也可以逆行操作，以出发点的参照物为对照，检查是否方向正确。

切勿改变指南针表盘的角度，您可以转动身体，让指南针习惯指向南方的箭头指向 N 点的反方向，说明您旋转了 180 度。

准备一份进度表

如多日徒步，您可能不了解天气情况，不知道是否会夜行，也不知道是否会穿越没有标记的高原或沟壑纵横的平原，在此情况下，您需要准备一份路线图。如在荒野中或数九隆冬徒步，这个准备就愈加显得重要。

为此，出发前应在家中准备一份进度表。每份表上注明一日徒步的起点和晚上的落脚点。

- 首先，应在地图上确定徒步路线。路线用虚线表示，此线将路上的各个点连接起来。第一个点即出发点，最后一个点为晚上的落脚点。徒步路线应避开难以逾越的障碍。
- 不论任何条件下，这些点应在地面上易于发现，譬如森林边缘、一片房屋、一个山口、一个峡谷、一条河流、一条滑雪道或一个岩坝底座。注意，恶劣天气中如选择岩坝上端为参照物，可能带来很大危险。
- 在每个点之间，应计算行进的角度、距离、两点间高度差和预计行走时间。
- 关于行进的角度，请参见前面相关章节。
- 既然按照方位前进，与目的地间的距离按照直线测量。相关信息请察看前面章节。

停止线是一个参照点，横亘在行进路上，譬如一条穿越森林的雪道、岩坝的基座、一条河流等。若您有一个准确的高度表，便可以把海拔高度作为停止线。譬如一个山口位于海拔 1 700 米，您在海拔 1 700 米处停步，然后沿着曲线一直走到山口。

主动失误：若到达的地点相对较小，一旦错过，恐难知晓下一段路去向何方。

此时，可主动离开行进路线，走向一个停止线。

譬如，要在森林边缘找到一条雪道。到达那片森林边缘时，应该向左还是向右走才能找到那条雪道呢？若最初瞄准目的地的角度是右侧 1 度，此时就应沿着森林边缘向左走。

只要在温暖的家中准备好进度表，您就不必担心能见度缩短到几米远，不怕大雪遮盖了踪迹和无法找到归路，也不怕寒冷影响地图和仪器的性能，更不怕夜幕降临。

当然，团队成员间的团结协作是克服一切困难的法宝。

GPS
Location
±8m
TQ 28426
BNG 90773
N
W
E
S
IN
OUT
FIND
PAGE
MARK
MENU
QUIT
ENTR

利用 GPS 定位

首先，必须重申一点，GPS 并非万能。这是一种电子设备，可能发生故障，可能无法接收到卫星信号，譬如在茂密的森林中或遇到障碍物。GPS 需要接收 3 个卫星的信号才能进行定位，而这 3 个卫星应分布在天空中不同的位置。此系统可提供 2D 信息，即纬度和经度。如果增加海拔高度信息，还需接收第 4 颗卫星的信号，即 3D 信息。

某些接收器能显示接收的信号是 2D 还是 3D。GPS 上的卫星地图也显示接收条件，帮助使用者了解信息的准确性。譬如，两个并排的卫星提供的信息没有参考价值。

GPS 接收器消耗能量。若天气条件良好，气温不是过低，电池可提供 10 至 12 小时的能量。多日徒步时，应携带备用电池，并慎重选择关机和开机时间，譬如徒步路线特别复杂或天气情况可能恶化等。

徒步时 GPS 的作用

忧郁的人会说："对讨厌新科技的人来说，这东西让他们头痛。" 也有人说："越野徒步、越野滑雪或高原滑雪时，如果积雪覆盖了脚印和道路，有一张好地图和一个 GPS，就不会迷路。"

GPS 系统与高度表不同，不受气候条件的限制，可在任何时候给徒步者提供定位信息，以便在地图上找到自己的位置。GPS 可连续向徒步者提供信息，如桥梁、山口、山间小屋等。同时还提供下一个参照点的位置、方向以及距离。到达这一个参照点后，该系统自动显示下一个参照点，如此反复，直至终点。

徒步者可在任何时间进入 GPS 系统，可将一个或几个参照点作为途经地点或目的地。

需要注意的是，GPS 为您提供的方位并未考虑可能存在的危险，譬如地面裂缝、岩坝、河流等。相反，当您绕过一个障碍物后，该系统会自动校正下一个参照点的方位。这个系统难道不神奇吗？

选择一个 GPS 系统

车载 GPS 不适合于徒步活动，它不是为徒步者设计的。应选择专门用于高山徒步的系统，有无电子地图均可。

有两个美国品牌适用于徒步，Magellan 和 Garmin。

国家地理学院出售 Evadeo 牌 GPS，带地图，可供徒步和车载两用，可在互联网站上下载地图。市场上每个品牌都推出各种款式和特殊功能，建议您购买时选择专卖店。最简单的款式是黑白屏幕，白色页面可显示您的路线和途经参照点的位置。此款 GPS 性能可靠，对于徒步之用足够。高档的 GPS 可提供基本地图，并可网上下载。为筹划您的徒步路线和路况信息页面，应下载画图软件和电子地图。这些软件可将您的路线信息从电脑转存到 GPS 上，也可从 GPS 中转存到电脑中。

谈谈GPS

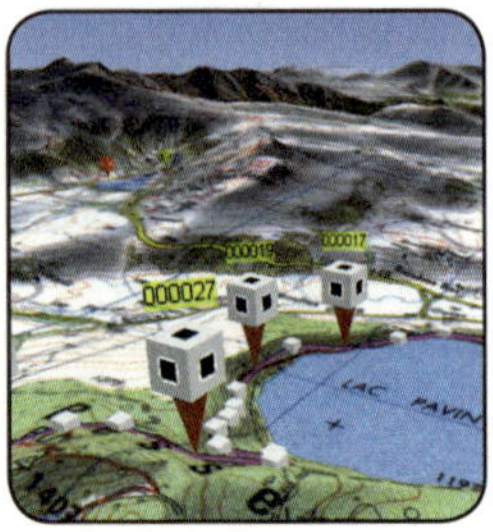

由于徒步专用 GPS 的两个品牌都是美国的，GPS 的工作语言是英语。为了您使用方便，以下为您介绍几个英语名称：

踪迹（Track） GPS 能自动记录您的徒步节奏，并将您经过的参照点的相关信息存储起来。

GPS 能自动提取最适合的信息。

徒步结束时，您可将这些踪迹存储起来，运用适当的软件，可将这些信息转存到电脑中。

反向踪迹（Track back） 此功能使您可以按照原路返回，以及显示接收到的其他信息。若徒步路线过于复杂，您找不到参照物，抑或迷失在浓雾中，GPS 可帮助您返回到出发点。这是保障安全的基本功能。

使用此功能需要注意几点。若您忘记存储最后的踪迹信息，当您启动反向踪迹功能时，GPS 自动引导您返回上一次度假的地点。

开机时，某些款式在找到“可视”卫星前会显示近似的信息。若此时您开始存储您的踪迹，最初的几个参照点可能距您的出发点数千米远。如果您利用 GPS 引导您回到您的汽车旁，这种情况会给您带来很大不便。

为此，出发前应提前几分钟打开 GPS，进行最初的信息搜索。然后，当您真正出发的时候再开始踪迹存储。

道路（Routes） 意指手动记录或通过电脑将信息转存到 GPS 中。此操作在家里进行。

由此获得一条连续的虚线。

在制定一条准确的徒步路线时，若无电脑，手动操作则显得枯燥无趣。但这个手动操作与制作进度表是相同的，了解此操作是至关重要的。

建议将这些资料打印保存。如遇恶劣天气，您的 GPS 发生故障，纸面的路线图对您大有益处。

还应注意系统信息的准确度。30 至 50 米的误差属正常范畴。您在家里存储路线信息时，应将危险区域的信息保持在 50 和 100 米之间。

途经参照点（Waypoints） 意指存储到接收器中的途经参照点的数据。可在家中下载并确定徒步路线，或将所经过道路的信息现场存储和外传。

此功能也可用于确定一个特殊的参照点：岩洞入口、山间小屋、考古场所等。

去向（Goto） 此功能可利用存储在 GPS 中的途经参照点的信息给徒步者提供导游服务。

存储的道路信息量和记录的踪迹信息量取决于 GPS 的内存量。最简单的 GPS 可存储 500 个途经参照点，譬如 25 个参照点中的 20 条道路信息，或 50 个参照点中的 10 个参照点的信息。GPS 可单独存储十几个不同踪迹的上千条信息。

GPS 调试

为此,您必须使用产品说明书,利用您的 GPS 中的菜单上网。

基准点

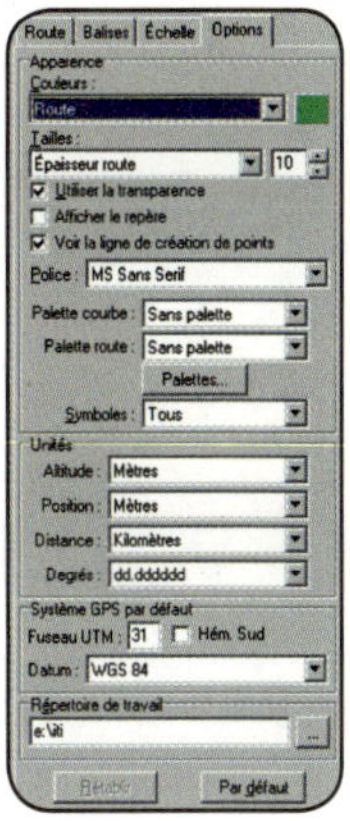

地球表面并非完美的球体,否则,人们会产生烦恼。试想一下,珠穆朗玛峰与马里亚纳海盆之间的海拔高度差达到 20 千米。地图绘制人员利用一种数学模式对此加以描述。

这就是基准点。显然,国家不同,地图也不同。基准点在地图的图例中加以标注。您 GPS 的菜单提供了大量基准点的选择。

在法国的"蓝图"系列中,国家地理学院的地图绘制人员使用的基准点是 ED50。在"顶尖 50"新地图上注明与 GPS 兼容,所使用的基准点是 WGS84。由于这是世界上使用最广的基准点,若无相反标志,大家基本采用此基准点。要知道,基准点的一个小错误可能导致定位系统几百米的误差。

协调

为更好地使用地图,您需要一个协调系统。而协调系统也有好几种。最新的法国地图使用最流行的 UTM/UPS 系统。此系统与地图上的蓝色方格相同。在更老的地图上,只在地图的边缘画出方格线。这些方格的每条边代表 1 千米。

测量单位

然后,应该在 GPS 中标明测量单位,在测量单位中标明协调信息。尽管用"度"来表示程度的方法比较普遍,但我们的系统采用"米"制,比使用"度"更加实用。

时间

您的 GPS 接收每颗卫星原子钟的精确信号,可以给出准确的时间。可将其调至夏时制,即比标准时间调快 2 个小时,比冬季时间调快 1 个小时。出发时,应启动接收器,UTM 系统的时区协调功能便提供协调信息。

调整好 GPS 的时间。法国处于 30、31 和 32 3 个时区之间。每个时区代表 6 个经度。整个地球共有 60 个时区。

现在,您的 GPS 可以工作了。

WAS 和 EGNOS 系统

在 GPS 的最新菜单中,出现了 WAAS 和 EGNOS 功能。

自 2006 年以来,如接收条件良好,地面站和卫星站系统使 GPS 的精准度从距离地面 10 米提高到 33 米。WAAS 是美国系统。法国的徒步者使用欧洲的 EGNOS 系统。亚洲使用 MSAS 系统。

从地图到 GPS，从 GPS 到地图

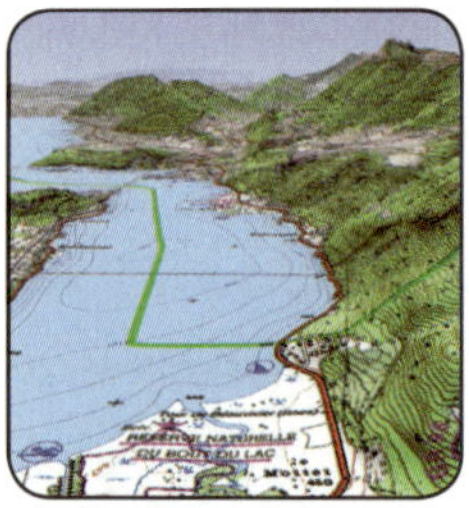

储存数据和定位操作是 GPS 的主要功能。使用说明中有详细介绍。

具体到个人，我们需要通过 GPS 的信息知道我们在地图的何处。反之，我们需要了解徒步路上将经过的参照点的信息，将这些信息手动存储到 GPS 中，并据此确定徒步路线。不要忘记，徒步者的背包中没有电脑，至少现在没有！

确定协调信息

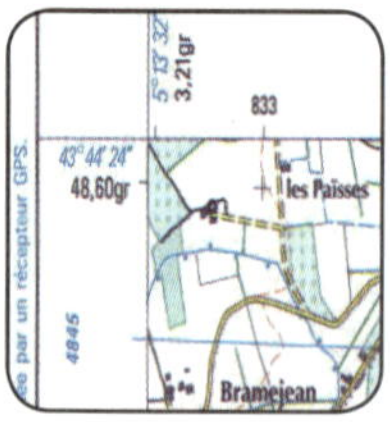

每种地图都根据自己特殊的数据在地图上画方格线。国家地理学院 1/25 000 地图可与 GPS 兼容，上面的方格线为蓝色，每条边长 4 厘米，代表地面上 1 千米。为准确定位或找到山间小屋、山口或其他参照点的正确信息，可使用 4 厘米的手尺或每条边有 4 厘米刻度的方形量角器。为准确定位，可利用指南针边缘的刻度、小尺，抑或一张透明纸，将其分成 10 个单位，每个刻度代表 100 米，可准确地标注 GPS 提供的信息。也可利用半个刻度，即 50 米。鉴于接收器的允许误差，这种精确度足矣。过于精细的刻度毫无意义。

在 1/25 000 地图上，1 毫米代表 25 米。在现场可利用晒图纸或白纸进行测量，但须用透明胶带将其加固。也可到洞穴专家绘图专用材料柜台购买。这是一个透明塑料纸，四方形，每边长 4 厘米。近来有些指南针已配有此工具。

若使用外国地图，地理协调数据可能使用“度”、“分”或“秒”为单位。在这些地图上，方格通常代表“度”。为获得准确信息，您可制作一把测量尺或一个方形表格，分成 6 份。如果您只是在到达目的地后才能获得地图，您可利用法国“顶尖 25”系列地图边缘标注协调信息的“度”在法国做一把测量尺。

请勿忘记按照基准点调整您的接收器、协调系统和适当的测量单位。

路线规划与数据存储

在画有方格的地图上画出徒步路线，其原则与使用地图或指南针徒步的原则相同。在地图上先画出主干线，然后标注途经参照点的信息，最后将这些信息存储到 GPS 接收器中。若无电脑辅助，此操作则枯燥无味。若使用 GPSTRACK 软件，此操作便趣味盎然。

首先，将路线截成一段段的直线，要考虑地形情况，选择容易走的路线。在危险地段应留出安全距离。在带方格的地图上，可借助方形量角器或直尺，确定直线段落两端的信息，并将这些信息存入 GPS。这些信息可单独存储，也可合并到道路的文件中。

徒步期间，GPS 可测定位置，并给出下一个参照点的距离，还可给出实际位置与理论路线的左右偏差距离。最后的这个功能尤为重要，因为此功能可以让徒步者在没有指南针的情况下顺利前进。到达参照点后，此系统自动显示下一参照点。

已下载的地图

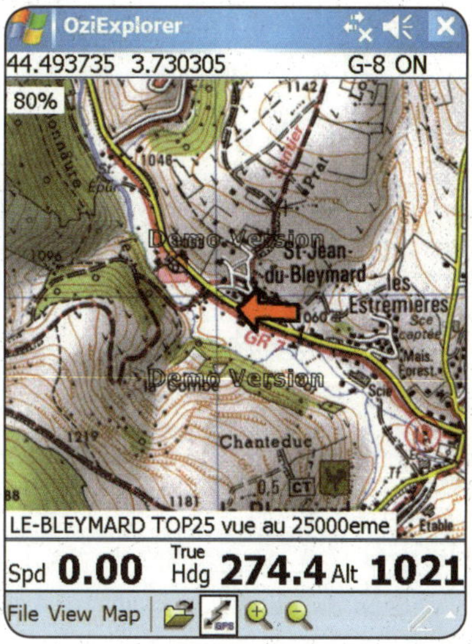

性能最好的 GPS 的地图上可以定位和显示前方的路况，这是欧洲的基本地图，有增容空间。

将 GPS 连接到电脑上，可将地图下载到接收器中，也可将按照国家地理学院 1/25 000 地图制作的徒步路线下载到接收器中。注意，这些地图被称作“降级”地图，因为取消了很大一部分地形图的信息。

到目前为止，没有任何一种 GPS 的内存可装下 1/25 000 地图的基础信息。绘图软件可用来准备徒步路线和确定途经参照点。

徒步路线确定后，应将这些信息转存到接收器中。这些信息显示在系统下载的欧洲地图上。

正如前一章所讲，市场上数字地图的品牌多种多样。这些地图都采用了国家地理学院的基本数据。品牌的繁多也带来了版权问题。

数字地图领域出现了失控现象。新产品经过精心设计，使消费者不断产生购买最新款式的欲望。由于品牌间相互不兼容，没有时间改善或发展，许多专门产品很快便被弃之不用了。

某些软件可与 Garmin 牌的 GPS 兼容，其他功能不同的品牌只能与 Magellan 牌的 GPS 兼容。

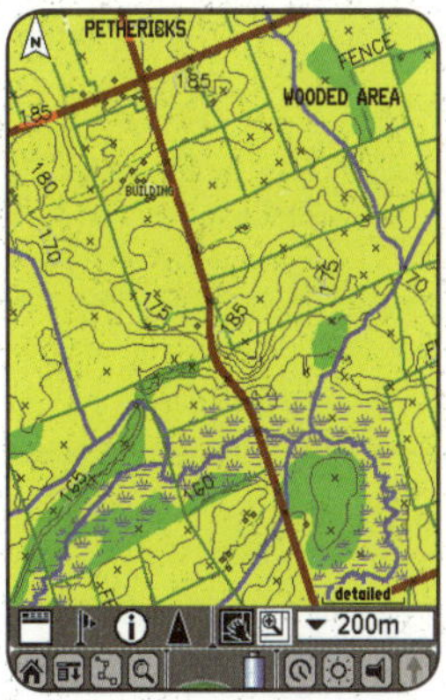

如何使用外国地图？

理查 · 斯克里酷爱登山，他免费提供阿兰 · 格莱查尔开发的 GPSTRACK 软件。

此软件可将世界上任何一种地图进行数字化处理，当然还需要扫描仪。将 3 个不在同一条线上的卫星的数据存储到系统中，您便可以了解这张地图上任何一点，测量单位使用“度”或千米，由您自己选择。

若您在异国他乡徒步，当地没有电子地图或您不想使用，此软件非常实用。

GPSTRACK 软件可代替绘图器，帮助您准备徒步路线。徒步结束后回到家中，此软件还可帮助您储存旅途上采集的信息，抑或将这些信息下载到公众网站上。如您使用一张外国地图，切莫忘记按照外国地图的基本点和相应数据调整您的接收器。

认真阅读图例，上面有各种说明。

辨别方向的方法

利用太阳辨别方向

“一个好向导不是一个记忆力好的人，也不是一个善于辨别地面细节的人。一个好向导是善于向前走的人！”这是雷蒙 · 德帕尔顿说过的话，取自于迪耶哥 · 博卢塞的《一个没有事故的人》一书。

其次，国与国之间没有规约，没有精确的模式。不论世界什么地方，太阳都从东方升起，在西边降落。

正午时分，太阳在南方，在它行程的最高点。当人们朝南走，自己的影子早上在身体的右侧，下午在左侧。如云层不厚，我们仰望天空，最亮的地方就是太阳所在。

利用带指针的手表辨别方向

可利用下列方法找到南方，当然，北方在其对面。

- 将时针朝向太阳。
- 时针与代表(太阳)正午的数字(1 或 2)形成一个夹角。
- 在最小的夹角里画一条平分线，将其一分为二。这条平分线即指向南方。

需要注意的是，法国冬季时间比太阳时间早一小时，夏季早两小时。因此，冬季显示正午的数字是 13 点，即 1；夏季是 14 点，即 2。

利用星星辨别方向

由于地球的转动，星星与太阳一样东升西落。当有特点的星座出现在天边时，可利用其辨别方向。

如其名称所言，北极星位于地球轴线的延长线上。因此，地球在夜间围绕着这个轴旋转，北极星便永远指向北方。两种方法可以找到北极星。北极星是小熊星座尾巴上最后一颗星，但如果夜空不够清澈，这个星座不易看到。但北极星是耀眼的一颗星，我们总能看得到。

大熊星座侧面看上去像一个平底锅，很容易发现。我们只要把锅底到锅沿(与锅把相反方向)的那条线延长 5 倍，就会找到北极星。

仙后星座是一个大写的 W 形，随着季节变化，也可能是 M 形。其中一条长边有 5 颗星，在第二和第三颗星之间有一颗小星，位置略微偏离延长线，形成一个小弧线。我们心里将这个小弧线延长，就会找到北极星。仙后星座和大熊星座都围绕北极星旋转，根据不同的季节和时间，可利用其中之一寻找北极星。

有人说，一些植物跟着太阳转，地上的苔藓也只生长在朝北的背阴之地。我个人见过一些满身长满苔藓的树干，因此，这些话不可信。

寻找路线时，一副好质量的望远镜有助于仔细观察地形。

行　　走

除辨别方向外，随着路途的延伸，徒步者还应逐步发现地形的变化。

路线图

出发前，应尽量搜集相关信息和材料。首先应找到徒步路线的详细地图。

多日徒步的线路经常跨越好几张地图。法国《顶尖25》系列地图覆盖的面积是120平方千米。两或三天的徒步便可穿越其间。

可以在地图上计算徒步路线、高度差，以及路上所需时间。

仔细查看地图，可详细了解路况，预见可能遇到的困难，譬如可能需要涉水过河，多湖泊地带的地面可能泥泞，为取水而必须多走的弯路，寻找一个可以用于野餐的棚屋等。

地图上标注了有路标的小路，其危险路段也加以标注。

不要忘记深山密林中的小路。浓雾天气时，取道森林中的小径比穿越宽阔的高山牧场更加安全。恶劣天气时，与其跨越山口不如绕山而行。

出现问题时，莫忘途经的公路或村庄都是寻求帮助的好去处。需要时，可将这些信息存入行程表或GPS接收器中。

每年都出版很多徒步指南，但大多局限于一个地区、林区或山区。这些指南大多适用于一日徒步，介绍徒步路线，并配有文字说明和简图。

法国徒步联合会得到法国地理学院的认可，在出版的徒步指南中截取其局部地图和文字说明。这些指南涵盖了法国各个地区。某些短途徒步指南局限于某个地区，另一些长距离徒步或翻山越岭，或沿海岸而行，或追寻文化古迹。

还有许多在外国徒步的指南。

讲英语的徒步者有语言优势。《Lonely Planet》出版的旅游指南介绍了世界上最流行的徒步路线，其中一些已经译成法语，譬如尼泊尔、印度北部、南美等。对于不会讲莎士比亚所讲的语言的人们，瑞士出版的《Olizane》系列指南也是很好的选择。

所有的旅游指南中的信息都是比较准确的。若需要更详细的信息，可使用更小比例尺的地图，如 1/50 或 1/100 000。

若仅在有路标的小路上徒步，新近出版的指南是非常好的助手。一些介绍徒步、自然或山区的专门杂志以及一些地区性杂志也刊发一些徒步路线简图。

最后，越来越多的徒步团体在网上提供徒步路线信息，可下载到您的 GPS 中。

徒步的管理

经验证明，步调一致的徒步团体是非常罕见的。应调节成员间的节奏差别。俗语说："磨刀不误砍柴工。"

若长时间徒步，行进速度应慢而有序。如大家不能以相同的节奏行进，可定期休息，以便等待落伍者。

每当行进路线出现问题时，譬如交叉路口、路标不清或难以行走的通道等，团队必须停止前进，以避免落伍者走失。

若行进速度确实难以统一，可留一名经验丰富者作为"收容队"，陪伴走在队伍最后边的人。而先行者可通过休息等待落后者赶上来。先行者和落后者之间的距离通常不应过大，等待的时间不应过长。还应注意给后来者一定的休息时间，然后再一起出发。

若团队成员间的能力差别过大，可选择两条徒步路线，并确定一个汇合地点，在那里休息和野餐。特立独行的徒步者最好单人徒步，既可独自享受徒步的乐趣，又不拖累他人。

寒冷的日子或冬季，应做好边走边吃的准备。行进速度应放慢，如有必要，可穿更多衣服，以减少休息次数。休息亦即意味着身体变冷。

在任何情况下，提早出发只有好处。尤其在秋季或初冬时节，应赶在天黑之前到达目的地，以了解营地情况，有足够的时间搭建帐篷，捡拾木柴生火。

夏季，提早出发可避免中午的酷热，还可在树下睡个午觉。在法国南方、科西嘉岛和马格里布地区，烈日下徒步是一种危险行为。出发的时间取决于路途的长短，也取决于季节。夏季早上 6 点亮天，冬季则是 8 点。10 月至 1 月，夜幕在 16 至 17 点之间降临，而 6 月末，到了 22 点才黑天。搭建一个露营地需要一个半到两个小时，搭建一个高山小屋也需要一个小时。

旅途中的问题

过河

河水的流量各不相同，既要考虑过河的地点，也要考虑过河的时间。

大雨过后，河水流量上涨。如强降雨连续几日，河水猛涨，此时不可过河。应按原路返回，寻找一座桥过河。春夏时节，随着白天温度的升高，山区的积雪和冰川融化，造成河流涨水。夜晚，随着温度下降，河水流量也会减少。应尽量在清早过河。不过，此时过河，河水冰冷刺骨。

应对河水深度进行估计。若水面及膝，水深可达 50 厘米。在两米宽的水面上，可扔一根小树枝或一片树叶。数到 2，如树枝经过了一米，河水流量就达到每秒 1 立方米。1 立方米就是 1 吨水。

每条小路总会选择一些浅滩穿越河流，但河水可能移动河道里的石头，改变过河的路径。尽可能踩着石头过河，尽量选择干燥的石头落脚。

也可搬来大石块放入河中，创造过河的条件。

若水位达到小腿肚，可缓慢穿越河流，身体保持平衡。若水位过膝，应选择水流平稳的地方过河。若水流湍急，过河时身体应面对水流所来方向，斜角度逆流过河。

使用手杖有助于身体平衡。若无手杖，可在路上捡一根结实的树枝代替。可几人手牵手一字过河，也可拉手成圈，这种方法更便于保持身体平衡。如遇岩石河床，可脱去袜子和鞋垫，穿鞋过河。最好带一双凉鞋，以备过河之需。解开背包腰带，松开背带，以便出现问题时及时解脱。

利用绳索过河需要一定体能。将绳索一端固定在出发点的上游，斜穿河流。从上游下水，双手抓住绳索，逐一过河。决不可将身体捆绑在绳索上，一旦失足，可带来溺水的危险。应在上游选择水流平缓、没有落差的地点过河。

崩塌的岩石与石子路

物竞天择。刮风或河水流动会留下大块石头，但却把小石块带向远方。因此，黏土和沙土一起被带走。相反，在万有引力作用下，小石子留在陡坡脚下，而大石块则继续滚动，停留在缓坡脚下。因此，当我们走在砂石坡路上，越往下走，石块越大，行进亦愈加困难。直到 43 度，坡度才能变缓。

超过这个高度，地表不再有沙石，但在土坡脚下还有鹅卵石。登山活动中，坡度越陡，下山时就会把更多的大石块带向下方，滚落的石块可能碰撞到坡下的同伴。

若几人共同下山，注意不要排成一条纵线。一旦沙石滚落，下方的同伴很难保持身体平衡。在大石块间行走，应一只脚踩稳石块后再踩上另一只脚，循序渐进。如同滑雪一样，可通过转换身体方向来控制速度。

两腿弯曲，两臂伸开，以便在身体失重时找回平衡。

路上滑倒总是让人沮丧的事。

下坡时，人会感觉到山坡正在下降。可之字形前进，尽量走在大石块的旁边。

尽可能踩在大石块上。若无大石块，应将脚掌平着地，以平均分配身体重量。若石块太小，可用脚尖踩在上面，随机调整身姿。

岩沟与砂石地面

岩块区位于山坡脚下，因为大块岩石滚落的距离最远。岩块也可能来自于地下溶洞塌陷后的风化粗沙。这些岩块为石灰岩，由于溶解作用，岩石上出现很多沟槽，宽度和深度可达几米，类似于冰川裂隙。

这些裂隙通常都朝着一个方向。在这种地面上行走，徒步者应不断寻找落脚点以及十几米外的路径。遇到障碍时，应该绕过还是翻跃而过呢？徒步活动应循序渐进，速度适中，但这并不意味着缺乏激情。翻跃山岩时应把脚掌踩在岩石的突出部位。

只有脚踏实地才能在翻越障碍时保持身体平衡和协调性，必要时可以有小的跳跃。

何时手脚并用攀爬陡坡和山崖

无论在河边、海边潮湿的陡坡上或雨后，鞋底可能会湿滑，徒步者应倍加小心。

如第一章中所述，攀登陡坡或翻越高地时，有些路段需要攀爬，应注意将身体重心保持在支撑面以上。换言之，身体越直，重心越稳。

当身体前倾，力量的延伸必将造成脚下打滑。许多不谙此道的徒步者的问题就在于此。他们害怕，于是便手脚并用。

这样一来，他们身体前倾，脚下打滑。同伴应尽量帮助这些人保持身体直立。

上坡时问题不大，山坡被甩在身后，见不到陡坡心里不慌。应小步登山，循序渐进，以免气喘吁吁。

下坡时，应尽量弯曲两腿，保持上身直立。如使用手杖，应将支撑点放在身体前方，两手放松，支撑在杖柄护套上，手臂弯成 90 度。

在更陡的山坡上，如距离不远，可选择一个歇脚点，譬如一块岩石、一棵树、一个山肩，在那里稍作停留，然后继续攀登。

越野徒步是最难的。山坡就在眼前，手杖不再是累赘，反而变成帮手。登山时，出于害怕，人们通常将身体贴近山坡，千万不可如此。相反，应尽量站立，甚至将身体略向坡外倾斜。如使用手杖，可将手支撑在下方的杖柄顶部。如果手杖长度可调节，应将支撑在上坡的那根手杖缩短。

穿过岩石地区时，身体重心应一直落在两脚上。这样，在接近岩石时，首先应找到落脚点，然后是后面的路径。此举如同登台阶，只不过这些“台阶”大小不一，摆放混乱。两手用来保持身体平衡。若用手过多，就变成攀岩运动而非徒步了。

每次落脚或手抓岩石时，首先应检测那里是否平稳兼顾。攀登过程中，应抓住一个支撑点后再放开另一个。

下坡时，身体重心一直保持在两脚上，两手下垂，放在身前。坡度很陡时，两手可支撑在岩石上。

身体面对山坡，逐级而下。

只有当山坡过于陡峭时才转身背对山谷。

第一个下到坡底的人等待其他同伴，以防有人失手坠落，也可为他人指点落脚之地。

茂密的森林

树木生长需要雨露滋润。不论在什么纬度，不论在热带地区还是北半球，在森林中徒步亦即在潮湿地带行走。地面可能非常泥泞，也可能要穿过不小的河流。应穿着防水鞋，并仔细扎紧鞋带。首要问题是辨别方向。在森林中徒步，指南针通常为必备工具。

另一个问题是开辟道路。在热带雨林地区，植物比较柔软，大砍刀是用于在丛林中开路。热带雨林中植物生长迅速，几周时间便可把一条道路掩盖。在木质植物居多的森林中，使用小截枝刀更方便。森林中开路是一个艰苦的工作。开路时应佩戴结实的厚手套，以避免用手折断树枝时被刺扎伤。

建议行走在躺倒的树干上。但是需要非常小心，因为光滑的树干或脱皮的树干非常滑。

在地中海地区，科西嘉丛林和朗格多克的密林都是最难穿越的。这些丛林中碗口粗的树枝纵横交错，想在其间开辟出一条小路谈何容易。荆棘和藤刺令人望而却步。穿越这些丛林要具备野猪的素质，而且还要非常耐心。应寻找那些不太茂密的树林，可利用树林中前人留下的踪迹找到路径和辨别方向。

山脊、河流、护林员小道都可成为参照点。回味一下《亚斯特立克斯在科西嘉》那些趣闻盎然的讲述，没有更多娱乐的情况下，幽默可为大家助兴。经历过丛林徒步，这一切不再是传说！

在森林中徒步亦即在潮湿地带行走

踪迹之美谈

越野滑雪时，有人留下了踪迹，其他滑雪者便会寻踪而去，认为这样会大大方便他们的行程。

随着经过此地的人数增多，这条路的情况越来越好。雪道越来越深，甚至下雪后依然清晰可辨。

在高山滑雪时，滑雪者在雪坡上划出漂亮的之字形。尽管此项运动越来越普及，但参加人数仍然不多。

这两项冬季滑雪运动在 20 世纪 70 年代得到了蓬勃发展。

当年的社会刚经历了 1968 年的运动，人们追求一种乌托邦式的集体主义。

20 世纪 90 年代中期，雪中徒步运动得到了发展，当时的社会流行无忧无虑，实际上也是一种自私。

不幸的是，穿雪鞋徒步运动到了今天已经显出负面作用。当某一天您目睹那些穿雪鞋徒步者从山谷中蜂拥而过，将原本清静的雪地山谷任意践踏，俨然一个儿童玩耍过后的庭院，杂乱无章，您也会因此而诅咒此项运动。几天后，雪地变得黏稠而潮湿。尽管穿着雪鞋，厚厚的积雪仍可没及膝盖。要想在雪地上留下踪迹，必须耗费大量体力。

为了让雪山免受自私者损害，在山脚下要排成纵队，后者跟着前者，在雪地上留下一条美丽的足迹。那是一条优美的公路，既为后来者提供方便，又为他人的安全提供了更多保障。

总之，这是一个需要大家来共同完成的作品……

雪上徒步

春天或秋末，残留的晶冰往往是徒步者遇到的第一个问题。

融化的积雪形成晶冰坚硬的板块，除一天最热的时候外，两脚无法踏破这个冰层。在上面行走极其困难，而且无法留下踪迹。

若走在晶冰覆盖的坡路上，极易滑倒，可能造成皮肤擦伤，也可能撞上一棵树或一块岩石，非常危险。为避免这些麻烦，应尽量绕开这些晶冰区域。若无他法，可借助绳索。第一个人脚穿一双钉鞋，手持冰镐，或将手杖深插入积雪中。脚穿防滑鞋，脚底着地，缓慢前行。可利用露出冰面的石块帮助前进。

冬季的徒步器材应充分考虑到这些可能遇到的危险。冬季过后，春季或夏初时节也有可能在高海拔地区的北坡遇到晶冰。

滑倒后，应首先翻转身体，腹部朝下，然后尝试着重新站起。如有手杖，首先应抓住杖柄，利用杖尖止滑。如使用冰镐，可一手握住镐头，另一只手压在上面，利用肩膀的力量将冰镐扎进积雪中。这个行动需要提前进行训练。在任何情况下，只要出现晶冰就应尽可能绕道而行。

在厚厚的积雪中行走非常耗费体力，行走时间也会加长。在小路上，行进速度大约为每小时 4 到 5 千米。若在积雪路上行走，这个速度就会减半。雪地行走需要探路，还要用登山者和滑雪者的语汇留下踪迹。这是一个耗费体力的差事，需要同伴轮流来做。后来者很容易找到雪道。越野滑雪、高山滑雪或穿雪鞋徒步都需要精心准备。其技术需要学习，其危险也同样需要了解。

不要忘记，法国有一半的高山一年中每个月都可能下雪。降雪量过大时，山坡上雪层加厚，除冬季外，雪崩在其他季节也时有发生。

另一个困难就是过河或穿过宽阔的冰雪地带。冰雪层厚度必须达到好几厘米才能承受徒步者的身体重量，而只有连续多日超低温冰层才能达到这种厚度。

若失足落水，应依靠同伴帮助，但救助者也应与冰面破裂口保持距离。随后就是更换和晾干衣服。

夜行

人们都想在山顶、高原或海边看日出日落。若天气预报告知下午有雾，应该及早动身。于是大家决定夜行……

如地形复杂又危险，应佩戴头灯。通常情况下，月光和星光可给夜行者带来足够的光亮，尤其在反光的地面上，譬如岩石、沙土或雪地上。此时，头灯便成为累赘。

为了夜间看见物体，人的瞳孔放大，灯光所照范围之外的路径很难看清。后面同伴的灯光将您的身影投射到您的前面，令您难以看清何处落脚。为此，许多徒步者夜行时宁肯关闭头灯，将其打开也仅仅为了察看地图或寻找一个标记，譬如参照物、交叉路口或路标等。

迷路

历险开始了。迷路了！意识到这一点只是片刻，但找到来路却需要很长时间。

- 第一件要做的事就是在地图上找到最后一个参照点，确认曾从那里经过，并用铅笔在上面画一个圈。
- 估计一下行走的时间，乘上行走速度（4至5千米/小时），即可大体估算出从最后一个参照点走出的距离。以此距离为半径，以最后一个参照点为圆心，画一个圆圈，您的位置就在这个圆圈里。应该进一步确认。
- 努力找到岔路的方向。若您曾在傍晚朝着太阳前进，您的前进方向就是西。在圆圈的西部方向画两条线，形成一个夹角，在其中寻找您见到或认为曾经路过的特色参照物。您便可以更清楚地知道您的位置。
- 为找到正确路线，您可能需要返回到一个您确切了解的地点，譬如一片废墟、一条小溪、一个岔路口。
- 若天色已晚，聪明之举是就地安营扎寨，等待明天。

迷路不一定就是危险，可能带来很多麻烦，但并非世界末日。如没有找到村庄，那就继续前进，甚至比计划的路程还长，甚至可能错过了公共汽车。乱发脾气或盲目乱走反而更加危险。

徒 步 区 域

田野上徒步

田野乡村正在变成法国人度假的首选目的地。随着通讯技术的发展，譬如宽带、手机等，人们可以在今后的生活中与世界联网，甚至可以网上工作。

高速列车将大城市周围的偏远乡村连接起来，带来房地产价格飞涨。20 世纪上半叶，人们从乡村涌向大城市，而今却反方向迁徙。

几年来，城市周边的乡村人口猛增，这将改变人们的观念，而且还可能带来许多矛盾。乡村是自由的象征，人们在广阔天地间从事着大量活动，譬如农业、畜牧业、林业、手工艺等。这些活动都严格遵守乡村的规则。

对于一个徒步者，田野有探险的小路，也有乡村的道路，其中当然可以大有作为。但是，如果人们不注意保护，这些田间小路和田园风光很快便会消失。为便于农业机械操作，人们拆除了篱笆，但同时也拆除了防风屏障，拆掉了动物和植物的掩蔽所。废弃的田间小路渐渐被野草吞没。

田间小路也带来大量问题。在山区和人口稀少地区，通常只有一条小路。在乡下，有的小路通向水源，通向某一家的花园，连通偏远地区的住户，可以走出森林，或通向田野和牧场。有些乡村小路属于社镇所有，属于公共道路；有的通向私人领地，属于私人道路。对于徒步者来说，问题是如何辨别这些道路的性质，如何尊重当地的风俗习惯，如何尊重他人的权利。

一些志愿者意识到这个问题，他们组织起来，建立了全国协会和联合会。其中有猎人、徒步者、干部、农民、原住民和新农民。他们组织起来保护乡村文化遗产。除进行温和斗争之外，他们还在一些团体的帮助下重新开放了古老的小路，接待徒步者和游客，开发了一些徒步者可以走的小路，并设立了路标。

猎人联合会的讲话中充分体现了这种诚意，欢迎城里人来到乡村。我们的祖辈曾经也是农民，法国乡村使我们回归土地。散步者和徒步者逐渐加入到猎人活动中，规划出围猎场并加以保护，同时制定了严格的射击和安全规则。

在森林中徒步

自第二次世界大战结束后至今，欧洲的森林面积增加了 40%。法国几乎被森林所覆盖，不论从任何一个城市出发，不到一个小时的行程内一定会有森林。因其距离城市很近，这些森林为各种活动提供了场所，譬如自行车、骑马或采摘蘑菇等。森林成为法国人最喜欢的户外活动场所。

不论草地、田野、荒芜的菜园、城市或肮脏的工业区，只要气候适宜，用不上 200 年就可变成森林。

随后，火灾、风暴、流行病使其中的景色发生变化，其他物种衍生其间。森林中孕育着勃勃生机，昆虫、飞禽、微生物、苔藓、花草、菌类和食肉类动物在其间大量繁衍。森林中的生态多样性超过大自然中任何其他地方。

森林既是各种活动的场所，同时又有人工雕琢的痕迹。森林固然是野生的，但由人类来管理。除波兰外，欧洲没有人迹未及的原生态森林。其他所有森林都曾被人类砍伐，又重新植树。木材是人类大量使用的原材料，为保障森林资源，历代国王都重视森林的管理。地球上的任何其他资源都未受过此等关注。

法国 70% 的森林属于私人。在森林中徒步必须得到森林所有者的认同，更多的情况下，要得到森林所有者组织的认同。

某些森林属于私人打猎场所，被完全封闭。

属于私有者集体和国家的森林被称为公有森林。

在这些森林中，所有者可为所欲为。

国家森林管理局（ONF）负责森林管理，这是一个公共的工商机构，以营利为目的。尽管公众进入森林得到国家法律的保护，但出于各种原因，譬如森林开发、安全或环保，某些森林被全年或阶段性封闭。为预防火灾，马赛地中海沿岸的森林夏季关闭。1999 年的暴风雨后，某些森林和自然保护区都已关闭。

为接待公众，国家森林管理局开辟了野餐区。该管理局还出版了主题导游图，组织各种规模的森林活动，养护各种主题的小路，设立一些隐蔽观察站，既可为人们观察野生动物提供方便，又不打扰它们的正常生活。尤其在秋季鹿群发情期，众多好奇者可借助这些隐蔽观察站目睹鹿群风采。

没有汽车的年代，森林工人都是徒步在森林里劳作。他们在森林里连续几日工作，有时甚至带上妻子儿女在森林里度过一个季节。森林所有者将森林小屋提供给这些真正的森林游牧部落使用。如今，国家森林管理局重新利用这些古老的资源，将森林小屋租给打猎者和徒步者。在阿尔卑斯山区的德沃鲁伊和维尔顿山谷，森林小屋网络为专业徒步者提供了良好的徒步线路。这些网络的商业名称为《Retrouvance》。目前二十几条线路正在酝酿之中。

尊重森林

– 不要妨碍其他使用者，譬如打猎者、护林员、采摘蘑菇的人等。

– 森林中严禁吸烟和用火，违者将受到严厉惩处。法国南方许多森林火灾都源于吸烟。

– 林下灌木丛是许多动物的掩蔽所。徒步者不要离开林中小路，以免打扰动物。可携带望远镜，透过树林观察动物。

– 采摘的蘑菇和捡拾的野果只能为家庭之用，且有节制。

– 狗必须拴上链子。也许在您行走的小路旁的树丛后掩藏着一窝雏鸟，而您却未发觉。狗也可能惊吓到一匹马或一头驴，进而造成事故。此类事故已有发生。

– 森林中某些地面非常软。为此，您不能离开林间小路。小树在最初几年里只能生长几厘米，在您步行或滑雪时，请不要踩到它们！

在森林中，徒步者最先遇到的人是林业工作者，他们管理资源，规划砍伐的树木量，出售木材，养护森林。

过去的森林砍伐是将一块林地上的树木砍光。目前法国流行花园式砍伐。这样可以使各种树龄和品种的林木相互交叉，可以带来大片林下灌木丛。护林员、伐木工和装运工负责将砍伐的树木装上运送原木的专用卡车。

森林分成若干区域。每个林区都有编号，以便进入其中的人员找到方位。涂在树干上的油彩或地上的界标代表各林区之间的界限。公共森林的颜色为红色，私人森林的颜色各有不同。不能将这些标记与徒步路线的标记相混淆。有时，林区界限的标记与徒步小路的标记同处一地。

森林中布满小路。有些为宫廷打猎时代所遗留，有些是森林隔火带，有些是林区工作者的通道。这些小路通常禁止车辆通行。这些小路都有名称和路牌，设立在小路尽头，并在地图上有所标注。

在森林中徒步应特别注意这些标识，按照路标方向前进，找到地图上的特别参照点。实际上，茂密的森林中很难看得远，也难以瞄准远方的目标前进。

在城市中徒步

这不是逛街购物，这两种活动甚至无法兼容。在城市中徒步应准备一个背包。

城市中徒步已经成为一个流行词汇（City Trek）。

法国徒步联合会出版的导游图中增加了城市中徒步的新内容。

徒步的专业杂志每月推荐一个法国或外国城市。徒步游览是了解一座城市风土人情的最佳方法。

沥青和甬石路面非常坚硬，在上面行走使人疲劳，因此，应穿一双好鞋。一件套头衫和一件轻便风雨衣可以应付各种气候变化。将这一切装入背包中，再带上一瓶水。

关于吃饭，可依心情和预算而定。既可携带家中提前准备好的食物，也可到商店购买。可在一座花园中野餐，也可在一家温馨的酒馆或饭店中用餐。

可到旅行社索取1/10 000地图，上面标明各条街道的名称。这样，您便可在城市中信马由缰，随心所欲。

一本好的旅游指南可指引您走进神秘的死胡同，找到有意义的地址，看到迷人的景物，当然还有那些必看的景点。

介绍几座徒步城市

开罗古堡俯瞰全城，从那里出发，走进穆斯林街区，在清真寺前驻足，依坐在大厅中的一根柱子前，品味那种安详。

然后，走入哈利利大市集，黄昏时分在尼罗河畔的现代化街区漫步，跟开罗人一样逛街，在露天咖啡座闲聊。

在伦敦，泰晤士河两岸已辟出步行者专用通道。从金融中心到伦敦塔，一路上回味英国历史，其间还可路过几座精美的博物馆，可免费参观。在伦敦徒步参观游览可令您流连忘返。

在巴黎游览一定要携带导游图。旅游景点多若繁星，主题徒步线路也不胜枚举。在塞纳河两岸散步，可在几个小时时间里观赏两岸的重要建筑和机构。巴黎有两条徒步线路，均有路标，一条从东到西，另一条从北到南。

在海边徒步

海岸上可能有沙滩或岩石。潮水可能浸透沙滩，这种海滩非常软，地表植物非常脆弱，因此，在这种地面徒步时应严格按照路标前进。低潮时，裸露的沙滩更加坚硬，在上面行走更容易。

在海边岩石上徒步有时类似于山间徒步。徒步者可在小海湾行走，也可攀登海岬岩石，高低差别很大。站在山岩边，真有一种临近深渊的感受。海边峭壁这个词(Falaise)用到此处恰如其分。在内陆地区，专业地质词汇应为断层岩(Escarpement)。法国最高的海边峭壁位于卡西斯(Cassis)与拉 · 希奥塔(La Ciotat)之间的卡纳耶(Canaille)，高达 394 米，俯瞰着地中海。

海边气候多变，当天空中大片云团到来时，其前锋显而易见。若随着云团狂风大作，恰有无可阻挡之势，此时万万不可立身于悬崖边缘。

不论海边气候如何，海潮永远都是危险的。航道内水面上升，阻塞通道，使船只无法转身。潮水也可把徒步者困在海边峭壁下或将其卷走。

潮水每 6 个小时升降一次，在高潮与低潮之间有一个小时的潜伏期。这样，在两个高潮之间有 13 个小时。年度不同，潮期和潮位也会发生变化。随着月亮的变化，每天可有 50 分钟的差距。地中海沿岸的潮位较低。

若在英吉利海峡或大西洋海岸边徒步，某些海滨线路只有在低潮期才能通行。徒步者应事先了解潮汐时间。可买到每年的潮汐时刻表。

海 滨 小 路

1976 年法国出台了一条法律规定，要求海滨土地所有者允许一条 3 米宽的道路通过其领地，使莫尔比昂海湾的滨海小路连通起来。尽管如此，这条小路在很多地方仍需绕过私人领地。

米歇尔是“不列塔尼海岸与河流”协会的成员，他说那些富有的私人土地拥有者为拖延几年的时间，宁肯身陷繁琐的法律程序，拒不执行法律规定。因此，从比利时到西班牙的大西洋海滨小路仍是徒步者的梦想。然而，在诺曼底、不列塔尼和阿基坦，这个梦想很快就要变为现实。

不管旅游还是居住的原因，海滨始终都是人们趋之若鹜的置地首选。我们的文明是城市和沿海文明。世界大部分人口都集中在沿海大城市。

在法国，海滨保护组织是一个公共机构，通过赠与、优先购买、购买以及少见的征用等途径获得海滨土地或大湖泊，并对这些土地和湖泊进行保护。这些土地变成不可转让，除特殊情况外，由市政部门负责监管。公众可进入这些地区，该机构还出版有关这些地区的图书。

目前，海滨保护组织拥有 600 个景区，其海岸线长达 1 000 千米。

法国法律规定，700 米高度以上的地区为山区。

在山区徒步

山峦的整体概念很难界定。不列塔尼地区的阿尔默里干高原是原始山脉的遗留，如今已完全风化，最高峰的高度只有几百米。对于一个地质学家而言，这是一座山。在地中海与塞文山脉之间的高斯山算不算作山呢？高原地区，沟壑纵横，一望无垠。当我们在山脚下或山谷间徒步，譬如塔尔纳、荣特、维斯和埃罗，地面的高度差就变得更加明显。岩坝、绝壁和尽是石块的道路构成了山区徒步的困难。

1984 年制定的山区法规定，法国 700 米高度以上的地区为山区。山区的居民人口达到好几百万。

法国的山区主要分布在南部和东部。

法国东北部的浮日山和汝拉山都被森林覆盖。中央高原囊括了罗纳河谷和奥费涅火山之间的诸多山脉与高原。这些山的高度在 1 600 米与 1 800 米之间。周边有佩里格尔、朗格多克和阿尔代什，克斯山体为石灰岩，其海拔高度比中央高原逊色很多。

比利牛斯山脉从大西洋到地中海横贯西班牙境内。这条山脉的某些山峰高达 3 500 米以上，纵横群山的峡谷中有冰川。

阿尔卑斯山脉呈圆弧状，从斯洛文尼亚到地中海，山脉的高度达到 3 000 米。这条山脉穿越 7 个国家。雄心勃勃的《穿越阿尔卑斯》徒步线路将这些国家串联起来。阿尔卑斯山脉高于 4 000 米的山峰就有四十多座，这些山峰都被冰川覆盖。阿尔卑斯山与周边的平原地带的过渡地区称为前阿尔卑斯。沙伯莱高原北部是瑞士的莱芒湖，南部的卡朗克高原和奥迪贝尔格高原俯瞰着马赛和土伦。越往南方，山脉地势起伏就越小。这些山峰的海拔高度在 2 500 米与几百米之间，一些山脉消失在地中海中。

随着海拔高度的变化，气候也发生变化。越往高处攀登，气温就越冷。海拔每增高 1 000 米，温度便降低 6℃。因此，如果您在一个夏季清晨从格雷斯昂－维尔高尔出发，当时的温度为 15℃，而当您到达格朗威蒙山 2 300 米的最高峰时，温度只有 8℃。

更无需说风的作用，按照“寒风指数”效应，风对于温度降低的作用特别大。这种温差带来了生态变化。山区的植被随着温差划分区域。当我们攀登高山时，也能深切体会到温度的降低。为适应温度的变化，植物形成了独特的策略。秘鲁与挪威的同海拔高度的植被是不同的。生态学家据此将不同海拔高度的植被区域进行划分，譬如丘陵区、阿尔卑斯山下区、阿尔卑斯山区和雪地区。

由于山谷的走向，阳光照射在山谷的一侧山坡上，另一侧山坡处在背阴中。两侧山坡的植被区域划分可能发生很大变化。

丘陵区的海拔高度大约为 800 米，上面的植被与平原的植被相差无几。在阿尔卑斯山下区，阔叶林消失，让位给含树脂的森林。法国海拔高度 1 700 米的山区为阿尔卑斯山区，松林取代了含树脂的森林。当最后一片积雪融化，阿尔卑斯山区草地上繁花似锦，各种植物竞相生长，以期在美好季节的温暖时光中完成一个生长周期。

在海拔 2 500 米以上地区，植物逐渐消失，雪地区只有苔藓、藻类和菌类，把岩石装点得五彩斑斓。

山区的气候变化无常，其主要原因有二。其一，当我们身处山腰，我们只能见到一部分的天空，恶劣天气临近时，由于山体遮挡，我们不能及时发觉。这个原因经常被人们所忽视。相反，当我们在海边徒步时，可以从很远的天边观察到气候的变化。

其二，山顶会“挂住”云彩。实际上，寒冷和潮湿的两股气流顺着山坡上升，在山顶相遇，结果就是温度降低，水分凝结，形成云。

这些云可带来降水。当阳光照耀山谷时，山顶就会漂浮云彩，身处山顶的徒步者就会穿行在浓厚的云雾之中。

山区的徒步比平原的徒步更加耗费体力。每前进一步，徒步者都要抬起自身和背包的重量，即使一日徒步也需要体力。下山时也不轻松，因为大腿需要肌肉收缩以控制节奏。另外，山里人认为在高低变化的山区行走比平地上的远距离行走更困难。

在山区徒步，眩晕是不可避免的问题。大部分情况下，眩晕的感觉源自平时缺乏经验。真正患眩晕症的人并非多见。应指定一名比较有经验的队员陪同那些眩晕的人。眩晕者可将两手放在前面队友的两肩上，两眼盯住队友的后背。必要时，队员之间可拉一条绳索，可起到一种心理安慰作用。眩晕的感觉可以逐步改善。但是，这种如临深渊的感觉永远不可能真正离开我们，即使那些专业的登山队员在某些惊险地段依然摆脱不掉这种感觉。也许这正是他们寻找的感觉？徒步者只要经常参加登山活动，这种感觉就会逐渐减弱。

眩晕的感觉经常出现在拐弯处、攀登峭壁的半路上、山脊的小路上或悬崖边的小路上。也许人们会说，到了山脚下就好了。不一定！不要忘记，山坡上常有石块滚落。所幸的是，这种事故非常罕见，但还是曾经发生过。所以，不要在山脚下长时间逗留。

徒步者的装备应充分考虑天气和地貌因素。即使在夏季，携带的服装也应足以应付零度以下的低温、冰雹和下雪。背包里可携带一件套头衫或一件厚外套。还需要一件风雨衣、一顶软帽和一副手套。建议佩戴一副好太阳镜，还可以擦一些防晒霜。在高海拔地带，空气稀薄，太阳发射的紫外线非常强烈。脚上应穿结实的鞋，以避免石块硌伤脚底。鞋底应有条纹，鞋帮高及脚踝，既可避免崴脚，又可避免下坡时脚尖受到挤压的痛苦。

山区是徒步者最喜欢的运动场所

山区有很多棚子、小屋和避难所，可为徒步者提供庇护。它们既可为那些一日徒步的人们提供休闲场所，也可为分阶段徒步的人们提供休息场所。在度假旺季，如果没有提前预订，您可能在这些接待场所订不到房间。因此，如果您想到山区徒步，应做好这方面的准备。设计好线路，还有每个路段和后勤保障。今年夏季，拉尔扎克的一些接待场所关闭，我们本来设计的环拉尔扎克徒步就变成了 8 字形路线。只有棚子不需要预订，但当您来到时，棚子里已人满为患，您只能在附近露营了。

夏季的山区

山区是徒步者最喜欢的运动场所。世界上许多国家的国家公园都在山区。

许多徒步线路已经设立路标，可以进行各种徒步活动。路经山顶、视野开阔的徒步路线一直受到青睐。如果天气晴好，站在高山之巅，可以看到几百千米之外的景色。

在徒步运动兴起之前，山间小屋是为登山运动员阶段性休息而建的，如今成为徒步者的目的地或旅途驿站。

今天的人们攀登高山，寻找着居高临渊的强烈震撼，为了超越自我。这种追求源于人类的祖先对高山的敬畏，他们害怕深渊，认为冰川是“吃人的怪物”，认为那里居住着妖魔鬼怪。

相反，中等高度的山区是人们徒步的理想场所，不仅管理到位，而且自然资源丰富，不仅有树林、草场，还有可采摘的各种果实和广袤的高原牧场，春光明媚的季节里羊群来这里吃草。山谷里的每个村庄都有自己的山。冬季人烟稀少，春暖花开后人们纷至沓来。

这些土地和草场在史前时期就已开垦，如今是山区的主要景色。宽阔的牧场成为很多徒步者的最爱。因此，一些高山牧场便应运而生。

陡坡上的一些牧场常有栅栏围绕。徒步者应在进入后随手关上栅栏门。羊群可能越过栅栏，跑得一只也不剩。

在冰川徒步

本节内容涉及到高山徒步，需要登山的基本技术，譬如安全绳与保险措施、运用钉鞋和冰镐前进等。还需要充分了解当地的情况，以便识别裂缝、冰川裂隙、危险地段等，譬如冰盖地带和雪崩易发地带。

在阿尔卑斯山区，景点的徒步线路位于上萨瓦地区的夏莫尼斯与瑞士的泽尔马特之间，途经勃朗峰和塞文峰，这是两座专业运动员攀登的高山，也是两座神秘的山峰。

走这条线路需要两个星期，途中要经过好几座冰川。

穿过瓦诺娃兹冰川需要几天时间，一路上可以观赏法国唯一的冰盖。

法国高海拔地区也可进行一日徒步，可以发现冰川，欣赏美景。

在尼泊尔的喜马拉雅山脉，好几条冰川交汇在高海拔地带。徒步者除大量消耗体力外，还要准备露营。那里远离村庄和主要线路，需要良好的心理素质。

冰川没有特别陡峭的山坡，即使行走在冰雪上，徒步者也不需要攀爬。行走的工具只需钉鞋、手杖和冰镐。冰镐的使用与登山运动不同，可用于在冰川上固定安全绳，或帮助徒步者走过危险地段。

不论在冰川还是高山徒步，危险是必然存在的，譬如高空落石或冰盖边缘脱落，甚至夏季也会发生雪崩，尤其是掉入裂缝的危险。徒步队员中一定要有一位经过训练的人，以便有人掉进裂缝时及时施救。如不具备这些条件，必须聘请高山徒步向导。

冬季徒步

平坦的地面、冬季滑雪站或越野线路适合刚开始冬季徒步运动之人。这些地方标志清晰，有些地面已经过平整，适合那些散步者。这里还有野餐桌和景点指示牌。有些景区需要支付一定建设费用。尽管此举受到一些人的指责，但他们也为度假者提供了场所。

其他场地也有路标，但地面没有经过平整。这里接待的大部分人都是经常从事冬季徒步运动的人。由于冬季路面被雪掩盖，路标的设立比夏季更加密集。

如果走夏季徒步路线，需要格外小心。

指示牌和颜色标记的间距更大。积雪压低树枝，可能遮住小路。冬季树木更加脆弱易折，阻断去路。走过一片草地后，即使非常了解当地情况，仍然很难找到路径。路在这两棵树之间还是另外两棵树之间？

在北欧地区，志愿者协会在初冬时节便给很多徒步路线设立了标志。在挪威哈当厄高原或约特内蒙山谷，成千上万根桦树枝将不同的小路标注出来。在瑞典，红色的金属十字架标志着王室通道。

离开有路标的线路，另辟蹊径，这需要对山区情况了如指掌，善于辨别方向。可以参加一些俱乐部的培训活动，先从冬季徒步开始，选择有路标的路线，然后再进行夏季徒步。

冬季山区徒步

冬季运动首推高山速降滑雪和丘陵地带越野滑雪。这种运动需要良好的身体素质和长期的滑行技术训练。穿雪鞋走路不需要特别的训练，习惯于走路的人很快便能掌握要领。

不论采用何种雪上工具，冬季徒步需要的能力与环境有关。冬季的雪地环境与夏季高山环境大相径庭。若您冬季外出徒步没有遇到下雪，您一定会在冬季的其他徒步中遇到困难。

冬季徒步的注意事项

在山区徒步，寒冷气候随时可能不期而至，这一点应牢记。每个山里人都会对您说："在海拔1 000 米的山区，一年内的任何一个月份都可能结冰或下雪，属于特殊气候，譬如 1989 年在维尔克斯的夏贝尔，8 月 4 日的温度曾经降到 -4℃。"

从 9 月到 4 月，降雪量很大。在 3℃或 4℃的时候仍然可能下雪。当气温降至 -15℃，降雪量反而减少。降雪的第一个后果就是遮掩了地面的小路。辨别方位的标记也随之消失。狂风劲吹，雪堆积在山顶，填平坑穴，也可能造成夏季不存在的地势起伏。在岩坝的边缘，雪堆向前推进，形成一些空洞。在山顶或高原徒步时，应避免行走在这种雪堆上，以免掉入雪窟之中。

有雾的天气下，天地一片白色。只能使用指南针或 GPS 来辨别方向，不仅如此，当人们停下脚步，身体有时难以保持平衡。我们会觉得同伴似乎在天上徒步或滑雪。

日本气候学者将降雪分成 65 种不同的状态。爱斯基摩人谈论雪的词汇就有四十多个。在风力作用下，雪在地面可能结冰。气温不同，雪也会发生变化。雪的形状可能变化多样，以至于影响前进速度。经过再次结冰和风力作用，雪变得更加坚硬，在上面行走并不一定需要滑雪板或雪鞋。当出现坡度时，应穿上钉鞋。

一旦滑倒，身体会快速滑行，若撞上一棵树或一块岩石，后果非常严重。但也有相反情况，积雪非常松软，不论穿上滑雪板还是雪鞋，两脚都会深陷到积雪中。行进速度明显减慢，而且令人疲惫不堪。徒步团队的平均速度只有每小时 2 千米。计划徒步时，对此应做好充分准备。

在山区徒步，寒冷气候随时可能不期而至。

秋季，白昼变短，直到 12 月 21 日冬季来临。

从 12 月到 1 月，白昼最短。清晨七八点才亮天，16 点 30 分左右夜幕便开始降临。徒步者应提前到达目的地，搭建帐篷，捡拾木材，以便给山间小屋加热取暖。为避免材料问题或路线错误，应预留出适当的时间。15 点到达目的地是一个不错的计划。

由于白昼变短，光照时间也随即缩短。随着光照时间的缩短，温度也会下降。温度的变化受到多种天气因素的影响。因此，每一年冬天的天气都与另一年不同。在海拔 1 000 米的阿尔卑斯山区，12 月和 1 月白天的温度为 -10℃，夜间温度为 -15℃（只是平均值）。从 2 月份起，随着光照时间的延长，白天的温度可以达到 0℃以上。3 月和 4 月，徒步者可以携带厚暖外衣外出活动。不论任何季节，厚暖外衣是必不可少的。一旦乌云遮日，抑或行走在背阴山坡上，温度会变得冰冷刺骨。

初春时节，气温回暖还能带来其他结果。地表积雪开始融化，逐渐变成水。然而这个季节的夜晚温度很低，融化的雪水在地表再度结冰，而且非常坚硬。白天，地表的冰重新变软。徒步者若选择清晨外出，地表坚硬，便于行走。如选择下午外出，辛苦程度自不必言。

这种结冰后再结冰的循环造成了其他危险，譬如，水结冰的过程中可能将岩石冻裂，但由于冰的凝固作用，裂开的岩石仍然保持原状。下午冰开始融化，岩石解体，滚落到岩坝脚下。因此，徒步者应避免中午以后在这些危险区域活动。

雪崩的危险等级

1 级：雪层基本稳定。只有极少数陡坡积雪过厚时才可能发生雪崩。雪崩时只有雪流自动形成。通常来讲，具备良好条件。

2 级：雪层相对稳定。山坡积雪过厚时可能发生雪崩。这些山坡已在运动指南中注明。发生自发性雪崩的可能性很小。经过朝阳陡坡和高海拔多坡的雪层时，徒步者应格外小心。这些陡坡已在指南中注明。

3 级：雪层稳定程度较低。积雪稍厚即可发生雪崩。可发生自发性中型甚至大型雪崩。随时可能发生危险。建议采取安全措施。部分地区条件恶劣。评估危险程度需要经验。建议活动范围局限在松软地面。

4 级：雪层稳定程度很低。许多山坡均可发生雪崩。可发生自发性中型甚至大型雪崩。提高警惕。建议采取安全措施。条件恶劣。评估危险程度需要丰富经验。建议活动范围局限在较坚硬地面。

5 级：雪层普遍不稳。即使在较坚硬地面，自发性大型雪崩随时可能发生。非常危险。建议采取所有安全措施。条件非常恶劣。建议取消活动。

雪崩

雪崩是冬季最大的危险，媒体对此报道也最多。雪崩不仅发生在高原地区，只要山坡上有积雪，就会发生雪崩。雪崩是山坡上的大量积雪向下方流动。产生雪崩的原因有三：

山坡的坡度 所有 20 度至 50 度的山坡上均可发生雪崩。超过这个坡度，积雪很难形成厚度。

雪层的重量 重量越大，雪层越不稳定。一旦雪层继续增厚，或一群徒步者从上面经过，哪怕一个徒步者经过，都可能造成雪崩。

雪层与地面或下面雪层的粘着程度。

法国天气预报每天发布欧洲雪崩危险预警报告，危险程度从 1 级到 5 级，没有零级。

被雪崩掩埋的人如果在最初的 15 分钟内可以获救，存活率达到 93%。救援时间在雪崩后 15 分钟到 45 分钟之间，存活率降到 25%。然后，机会越来越小。所以，最有效的救助应该由徒步团队自身开始。

若冬季经常在山区徒步，推荐三个工具，缺一不可：

雪下生命探测仪 此仪器可探测您或者同伴在雪中的位置。应严格按照规定操作，仪器应随身携带，放在背包里或口袋中均无作用。当然，还要经过专业培训，平时加强保养检测。越来越多的滑雪场推广“雪下生命探测仪控制下的滑雪场”。

折叠式探测仪 可探测出雪下生命的准确位置。

铁锹 将雪层挖开的唯一有效工具。

徒步团队的每个成员都应携带上述三个工具。

雪崩分为三个级别：

粉末状雪崩 最为壮观。如遇低温，大量降雪后可发生此类雪崩。其形状类似于气雾剂，可将下方所经之处的人员掩埋。下降速度可达每小时 400 千米。雪团前形成的冲击波可摧毁森林和村庄。

板块状雪崩 产生于风力作用。在风力作用下，雪层厚度可达好几米。一旦山坡上的积雪达到超负荷程度，即可发生雪崩。雪块坚硬厚重，所到之处，摧枯拉朽，势不可当。此类雪崩的死亡率最高。经过此类山坡时，应相互拉开安全距离，一一通过，或绕道而行。在积雪形成的地面行走时应特别注意此类危险。

融雪状雪崩 发生在天气转暖时，譬如一场大雨过后，或者在朝南山坡上积雪开始融化时，此类雪崩极易发生。雪层厚重，融化的雪水起到润滑作用，导致潮湿的雪层向下方滑动。尽管此类雪崩的下降速度缓慢，但所到之处破坏力极强，可卷走岩石，把大树连根拔起。经常出现整个雪层一直滑落到山脚下的情况。

冬季动物

冬季对于动物是最严酷的季节。行动困难，食物稀少。食草类动物的食物则更难寻觅。动物的策略就是夏秋两季在体内积存大量脂肪，冬季将身体活动降到最低限度。为此，尽量不要打扰这些动物。一次逃跑会消耗动物过多的能量。如果受到打扰而逃跑几次，这个动物就很可能死掉。小动物、鸟类和小型哺乳类动物身材矮小，体内积存的能量也少，因此，它们就更加脆弱。

尝试接近动物或在雪地上追寻动物的踪迹，这些行为都是在犯罪。

洁白的雪地上，动物踪迹清晰可辨，那是一本打开的自然生命之书。动物在低矮的树枝下栖息或睡眠，它们四处寻找食物。当狐狸发现野兔的踪迹后，惨剧就可能发生。

在火山地区徒步

火山是特殊的山体，因其具有生命，它们在活动，在变化。它们接待您，给您带来强烈震撼，场面蔚为壮观！

我曾有机会数次登上意大利的埃特纳火山。第一次，火山正在喷发。这个时期，火山口喷发出来的岩浆高达数百米，然后落在附近的山坡上。火山喷发的频率和强度均无法预测。

只有自杀者才会接近火山顶部。

两千年来，与其相邻的斯特龙布利火山有规律地喷发，徒步者已习惯于在距火山口几百米远的山头露营，期待着夜晚来临，欣赏火山口流淌出来的熔岩带来的壮观景象。自从这座火山的喷发打破常规以来，周边的露营被严格禁止，而且登山时必须佩戴安全帽。

几年后，我又回到埃特纳火山。斯特龙布利式的喷发已在火山东南坡上堆积了大量石块，形成一个圆锥体，直径 1 千米，高度 300 米。当时可以接近主火山口。当我经过千辛万苦登上火山口，目睹这个 400 米深的大坑时，感到非常震撼。

北面的火山口释放出一种刺激眼睛和肺部的气体，令人无法接近。暮色之中，熔岩火光熊熊，在山坡上四处流淌。几年后，一股熔岩将这里唯一的山上小屋“哲学家之地”毁于一旦。

埃特纳火山的直径为 50 千米，几乎为巴黎的直径，最高峰达到 3 200 米。

在高海拔地区徒步

海拔不是一个纯粹的自然领域。高山之巅，终年积雪，生命稀少。但是相同海拔高度的地区并非具有相同的特点。冰川跳蚤、某些蜘蛛、在 9 000 米高空飞翔的大雁、岩石上的苔藓，这一切都向我们证明，极端气候下生命依然顽强。

根据纬度和气候的不同，终年积雪和冰川的海拔高度似乎是我们区分登山运动与徒步运动的分界线。

在阿拉斯加，冰川一直延伸到海边和森林之中。在阿尔卑斯山区，海拔 2 000 米的地区就可见到冰川，而终年积雪的地区海拔高度可达 3 500 米。因此，徒步者也可登上某些海拔 3 000 米的山顶。在喜马拉雅山脉，冰川延伸到海拔 4 500 米地区，山坡上长满苔藓，但终年积雪的山峰的海拔高度达到了 6 000 米。在南美洲的阿塔卡玛沙漠，人们可以不携带任何登山工具，徒手登上海拔 6 000 米的山峰。

由此说明，海拔越高，大气压力就越小。人爬得愈高，空气就愈稀薄。在海拔 1 500 米高度地区，越野滑雪运动员有明显感受。对于一个徒步者，不适感产生于 2 500 至 3 000 米。赤道地区比两极地区空气浓度高，赤道地区的高海拔地带更适合徒步运动。

登山时，会发生什么？

大气压力的降低必将带来空气中氧气压力的降低，人们称之为局部压力。氧气约占空气 1/5 的比重。然而，氧气在人体内的流动依赖于肺部和血管的局部压力差，然后是血管和细胞压力差。若大气中的局部压力下降，人体肺部与细胞间的局部压力也随之下降，氧气在人体内的流动就愈加困难。

在海拔 5 000 米地区，大气中氧气的局部压力比海平面的氧气局部压力低一半。人体内出现供氧不足。体力下降，最初的表现为头痛。

人体如何反应？

人体的第一反应叫做极度“缺氧”，呼吸加速，心跳加快，以吸入大量空气，加快血液

循环，输送更多氧气。身体逐渐适应后，进入慢性“缺氧”。人体制造更多的红血球。红血球负责在血管中输送氧气。

经过高海拔地区的训练，专业运动员追求的目标就是这种程度。通过产生更多的红血球来输送更多的氧气，进而增强体能。训练十几天后即可进入这种状态。但这种状态不能持续很久，因为高海拔地区体力消耗过大。若在高海拔地区停留时间过久，慢性“缺氧”带来的体能补偿将会被疲劳所抵消。人在高原地带可能感冒，人们对此并不太注意。感冒令人烦恼，加大体能消耗。下山后，感冒症状自动消失。

为使身体适应高海拔地区，徒步者登山时应循序渐进。通常建议不要在比前一天高出 500 米的地方睡觉。这无关紧要，当攀登的高度差超过 1 000 米之后，海拔高度的变化没有带来身体的明显不适。若飞机将您运送到高海拔地区，譬如玻利维亚的帕萨，拉达克的雷何，应该在当地进行适应性活动。

第一天安静地在宾馆休息。第二天到城里游览。第三天可以到周边转转。第四天开始徒步。

专用器材

在高海拔地区徒步需要专用器材，保证徒步者能够面对各种条件。同一天里可能相继出现下雨、狂风、下雪等多种气候。应穿着风雨衣，厚暖外衣，还戴上手套和软帽，当然还有一双好鞋。在相反的气候条件下，天气干燥，应准备足够的饮水。

在多岩石地带，雪峰近在咫尺，阳光格外强烈。为此，应涂抹高标号的防晒霜，不要忽视嘴唇。同时还应穿长袖衣裤。准备一个羽绒睡袋以应付低温天气。即使有牲口或挑夫运输器材，每个人还应配备一个 40 到 50 升的背包。

高 山 急 症

在高海拔地区，大气压力下降，空气密度和浓度也随之下降。大气中的氧气含量只有21%，爬得越高，氧气越稀薄。在珠穆朗玛峰，空气总量减少 2/3，喜马拉雅山区的人们已经习惯于在 20% 的空气环境下生活。在勃朗峰，阿尔卑斯山人拥有 70% 的空气。在爬山的几个小时里，这种缺氧可扰乱人体的呼吸、心脏和神经系统功能。

还可能出现生理问题，譬如头痛、呼吸困难、疲劳、眩晕，恶心、身体不适、咳嗽等。

为适应这种变化，人体的肺部和心脏会加快节奏，以提供更多的氧气。

在几天时间里，人体内的补偿功能发挥作用，血液中产生更多的红细胞，医学上称其为红细胞增多症。

在几周时间里，人体出现更复杂的变化，通过刺激荷尔蒙，使血液循环系统产生更多新的毛细血管，同时摧毁一部分肌肉纤维，从而调节人体功能，保护身体器官。通过这种短期的艰苦训练，使人体器官适应“幸存”状态。

当这种补偿无法满足人体的需求时，人体就会出现一种“高山急症”。在海拔 2 000 米的高度，人群中 15% 可能出现此症状。

这个百分比随着海拔高度的上升也发生快速变化，海拔 2 500 米的发病比率是 20%，3 000 米为 40%， 3 500 米为 50%，4 000 米为 60%。 登山运动员中出现此症状的比例很低，因为他们登山时采取循序渐进的方法。

为防止出现此症状，方法只有一个，适应当地条件。建议每天攀登 700 到 800 米，这样一直上到 2 500 米高度。此后每天攀登 300 到 400 米。

可以下到海拔较低的地方睡觉，既可加快身体的适应速度，又可在睡眠中产生更多的红细胞。

在高海拔地区，若身体不能适应当地条件，人体可能出现复杂的问题。若无专门治疗，还可能造成死亡。

身体的问题出现顺序依次为：

– **高原局部水肿**　可出现在最初几天，大部分情况下与水有关。

人体多个部位都可出现肿胀现象，脸部、眼睛、手腕（手表带印）、腿部、脚踝（袜腰痕迹），以及排尿量大量减少，这是肾脏虚弱的信号。不要惊慌，因为随着海拔高度的降低和迅速补水，这些症状也会随即消失。若水肿仍不消失，情况可能比较严重。可采用乙酰唑胺进行治疗，可缓解症状。

– **高原肺水肿**　可出现在海拔 2 000 米高度，但大部分情况下出现在海拔 3 500 米到 4 000 米地区。

最初的征兆出现在肺部，譬如咳嗽、呼吸急促、多痰、休息时呼吸困难，同时伴有胸痛和嗜睡。这些体征大部分出现在夜间。建议不要服用安眠药，因其药物作用可遮掩身体的真正状态，并加大睡眠中呼吸暂停的危险性。肺水肿的后期症状可出现嘴唇发紫，出现肉色脓痰。应尽快下到低海拔地带，并迅速服用专门药物，譬如硝苯地平、昔多芬或皮质激素类药物。若无法下山，可吸氧或至少进行人工减压处理。

从海拔 2 000 米开始，人群中的 15% 可出现高原急症。

– **高原脑水肿**　是最严重的病症，可出现昏迷，几小时内便可死亡。低于海拔 3 000 米高度地区很少出现此症状，在 4 500 米以上地区，人群中 1% 到 2% 的人可能出现此症状。几种征状表现出神经系统严重受损，譬如持续头痛，服用镇痛药后仍无缓解，呕吐，行动混乱，眩晕等。

昏迷前出现视觉模糊、幻觉和喷射式呕吐。此时必须进行急救。应尽快将患者送到低海拔地带，并立刻服用皮质刺激类药物。在可能的条件下可吸氧，若不能下山，则可采取人工减压处理。

如何判断高原急症

可通过简单的计算来判断高原急症的程度。

应把每个症状的分数相加。

– 头痛：1 分；失眠：1 分；恶心、眩晕、无胃口：1 分。

– 服用阿司匹林后头痛不减：2 分；呕吐：2 分。

– 休息时呼吸困难：3 分；非正常疲劳：3 分；排尿量减少：3 分。

1 至 3 分：轻度高原急症，服用阿司匹林等镇痛药物后可减轻。

4 至 6 分：中度高原急症，需要立刻停止前进，直至症状好转，同时服用镇痛药物。不可服用安眠药，不可饮酒。

6 分以上：严重高原急症，必须立刻下山，进行急救。

在热带雨林徒步

热带雨林是世界上最丰富的森林资源。博物学家对其中的物种进行清查，不断发现新品种。昆虫、两栖类动物、新发现的植物，这些都是群落生境中人类永远探索的对象。这里是科学探险的热点，同时也是地球上受到威胁最大的地区。

有一种说法，在中非、东南亚和亚马逊地区，每一秒钟就有好几个足球场大小的土地消失。那些贪婪的公司蔑视环保法律，肆无忌惮地吞噬着土地。绿色和平组织等大型环保协会创造了一种标志，表示该木材出自可持续性管理下的森林。当您购买家具时便可找到这种标志。只有消费者才能改变一切："消费就是投票。"

热带雨林有旱季和雨季。徒步应该在旱季进行，因为即使旱季每天都下雨，也不会像雨季那样整天都下雨。

某些大型植物生长在低海拔地区，另一些植物则生长在海拔3 000米以上。那里的雨水非常寒冷。

在徒步者的装备中，类似披风的保暖衣物必不可少。还可携带一把雨伞。

由于潮湿的地面非常泥泞，必须穿着鞋底纹路较深的徒步鞋。徒步鞋应经常清洗。

若您不想把鞋底的泥浆带入羽绒被中，就应认真清理鞋底。

由于空气极其潮湿，使人的喉咙没有口渴的感觉，极可能产生严重的脱水现象，应注意及时补水。尽管热带雨林中到处都有水，其中有很多病毒和寄生虫。水必须经过过滤和化学处理后才可食用。雨水降落过程中，经过了好几个植物层，细菌很多，不可直接食用。

由于泥浆和地面生活的各种动物，徒步者不能在地面上睡觉。最佳方法是睡在吊床上，不必使用帐篷。可用绳索将一块帆布悬挂在两棵树间，做成一个有两个坡面的屋顶，雨水从上面流淌下来。一个蚊帐可将飞虫挡在外面，某些飞虫可能带有病菌。

疟疾：严重的疾病

疟疾是世界上致死率最高的疾病，几乎存在于每个国家。

需要严格的药物预防。在某些地区，疟疾病菌产生了抗药物病毒。只有了解抗原产生的地区才能确定是何种病毒。

疟疾的治疗必须由医生来做。采用最强的治疗手段并非最佳方法。若病菌对药物产生抗体，整个地区的人群将因无药可医而受其威胁。

药物预防是很好的方法，而自我防范蚊虫叮咬则更加重要。夜间使用蚊帐，白天穿着长袖衣裤和袜子，喷洒驱蚊剂，这些都是基本的预防手段。蚊子经常叮咬手腕和脚踝。母蚊子常携带寄生虫，黄昏时分异常活跃。睡觉时使用单人蚊帐保护脸部，晚上集体用餐时使用大型蚊帐，这些方法都很有效。

必须携带一个药品齐全的药箱，包括治疗腹泻的药。赤道雨林远离城市。

在这些地区，任何小伤口、小疱和刀伤都可能很快发炎。出现伤口后应立刻进行清洗和消炎处理，否则可能产生严重后果。

除这些注意事项外，热带雨林是生态资源极其丰富的地区。

在那里徒步一定会有许多发现，美不胜收。人们经常乘坐独木舟在通畅的河道上划行。

河面上视野开阔，两岸上时常有动物出没。徒步者的营地设在堤岸上。

高大树木间斑驳陆离的阳光那么迷人。热带丛林是一片神奇的地方，造访者仿佛进入一个喧嚣的世界，黄昏时分，虫鸣、猴叫、鸟语，每件大自然的乐器各就各位，有的打着节拍，有的演奏旋律，俨然演奏着一场真正的交响乐。

在沙漠徒步

沙漠一词的原意就是荒无人烟之地。因此，人们把中央高原或阿尔卑斯山区的某些地区称作沙漠。作为自然领域的词汇，这个词指的是干旱地区，即几乎不下雨的地区。

某些沙漠已经过人类的整治，譬如美洲西部、纳米比亚或以色列。只要具备自然条件下的徒步常识，便可单独在这些地区徒步，路上都有路标。

在大面积的沙漠上徒步，譬如撒哈拉、阿塔卡马、阿拉伯、戈壁等，需要做好充分的后勤准备。援助车辆、运输牲口、驼队和向导缺一不可，因为在未来几天甚至几周内需要单独生活。荒漠中孤身一人应格外谨慎，甚至那些微不足道的小事也不能大意。

在沙漠徒步，可利用一辆 4×4 吉普车运输物资和行李。行走在风景迷人的地方，在沙漠上搭建营地，以便在周边徒步。这种计划的随意性适用于在宽阔的沙漠地带中的探险活动。当既无水源又无牲口可用时，这是唯一的办法。

牵着骆驼徒步，人步行，骆驼运输行李与物资。这种方法适用于穿越高原或沙漠沙丘。这种方法具有灵活性。人们不必跟随驼队，另走一条有趣的路线。一个星期之后，应找到一个水源让牲口饮水，每天晚上都应给牲口喂食草料。

牵着骆驼远行。穿越撒哈拉沙漠需要好几周的时间。团队的每个成员都有自己的骆驼。依照气温高低和自己的心情，队员可选择步行或骑骆驼前进。

由于牵骆驼前行，必须选择山谷中的道路，困难较少。

牵骆驼远行的人必须像斯巴达勇士一样面对孤身一人遇到的各种困难，度过许多篝火夜晚。为给牲口寻找每晚的草料，有时需要打破常规。有时一天行走 5 小时，而第二天却要行走 10 小时！

沙漠中徒步的困难来自于水源稀少，射线过强，阳光强劲，气候干燥。应当善于寻找水源，穿着长袖衣裤避免日晒，涂抹防晒霜，佩戴优质太阳镜。还应注意嘴唇的保护，这是人体对水分最敏感的部位。中暑的威胁很大，因此应佩戴遮阳帽。沙漠徒步的防护措施与高原徒步相似。沙漠并非像我们想象的那样炎热。我们只需像夏季一样穿衣便可。相反，应当注意防寒和防风。厚暖外衣、风雨衣和软帽是沙漠徒步者的必备物资。怕冷之人还应佩戴手套。

大漠星空下，点燃篝火，格外惬意。夜晚应穿着厚暖衣物，不论任何季节都应准备一个好睡袋。人们通常在 10 月到 4 月期间在沙漠徒步，在此期间，0℃以下的低温并不少见。

沙漠广袤，风景多样。徒步线路也因此而定。在霍加尔、阿塔卡马或西奈半岛，海拔高度在 2 000 米和 4 000 米之间，那里是真正的山区，必须穿着登山鞋。寒冷的指标非常重要。在毛里塔尼亚、突尼斯和阿尔及利亚的沙丘地带，海拔很低，易于行走。

对于极端气候下的植物和动物，我们应格外保护。生火时应精打细算，不能采摘植物。应及时处理垃圾和粪便，因为干燥空气中这些东西难以分解。使用过的物品尽量焚烧，譬如面巾纸、一次性内衣、茶叶包、纸巾等。把无法回收的物品带回家中，譬如塑料、电池等。

做好心理准备，面对困难条件和孤独。

在高纬度地区徒步

北极圈以外的高纬度地区，地广人稀。加拿大北部的巴芬岛跟法国一样大。岛上居民只有 2 000 名伊努伊特人，分布在一座城市和海边的十几个村庄里。岛内的土地几乎都是荒漠。比这里更北的几座大岛上无人居住。南极的大片土地上只有几个科学站，没有永久居民。在这些地方徒步只有露营。

极地上的动物很少与人类接触，也不怕人。我们可以看到北极狐、麝牛、驯鹿、海豹和鲸。北极熊是陆地上最大的猎食动物，对它们要特别提防。在某些地方，每个徒步团队必须配备步枪。出发前必须经过射击培训。否则，当您需要射击的时候，恐怕为时已晚。北美的情况正相反，严禁使用步枪。可以使用鞭炮吓跑它们。当我们与北极熊相遇时，应保持适当的安全距离。尽管北极熊看上去笨手笨脚，它们却是游泳健将，而且奔跑速度达到每 3 秒 45 米！

其中有两个季节特别有意思，春季和夏季。

3 月与 5 月间，可以进行越野滑雪徒步或狗拉雪橇徒步。大地仍被冰雪覆盖。温度非常低，最低可达 −45℃。天气干燥时，寒冷是可以忍受的。如遇潮湿天气，寒冷使人更加难受。

暴风雪时，寸步难行。人们只有加固帐篷，耐心等待。有时暴风雪可能持续好几天。不过，大块浮冰上可以滑雪。

在夏季的两个月里，只有少数晶冰残存。温度在 10℃左右。冰川融化，河水上涨，过河时应特别小心。永久冻土的表面开始融化，充满水分。泰加森林的树木成为迁徙的大型鸟类的掩蔽所。北极地区的冻土地带没有树木，只有花草、浆果和苔藓，把这片土地点缀得五彩斑斓。由于水分充足，植被茂盛，这里成为昆虫的乐园。条件稍好时，由于天气变化无常，携带的装备可以借鉴山区徒步的经验。

冬季徒步携带的物资涉及到生存问题。在高海拔地区徒步所携带的物资应做到无可挑剔，以多层为原则，多层外衣、多层手套、帐篷和专用鞋等。所有拉链都应坚固耐用，拉柄上配有细绳，拉动时不必脱下手套。冷空气比热空气重，沉浮在地表。在帐篷的后边挖一条防寒沟，热气留在上面，帐篷内的人可以睡得更加舒适。

太阳光的强烈反射可造成雪盲症。应佩戴优质太阳镜加以防护，还要多准备一副，以备打碎或丢失时替补之用。狂风大作时，佩戴面罩是明智之举。人体每个裸露部分都可能被冻伤。注意保护面颊和耳朵。虽然寒冷地区的细菌都已死亡，但别忘记我们的体温是 37℃，任何一个小伤口都可能发炎。

最后一个问题就是白天的长度。4 月份的夜晚只有 4 个小时。夏季，白昼终日延续。应注意保持睡觉的习惯，防止打乱生物钟，必要时可佩戴眼罩。

在极地徒步必须做好物资准备，同时还有心理准备，以应对严寒和孤独。这是极地徒步成功的保证。具有丰富的徒步经验，熟悉徒步和搭建帐篷的技巧，您的徒步便会事半功倍。

“不要采摘花朵，那里将生长出石头……”
萨米维尔

最佳徒步方法

下山时不要独辟蹊径。您留下的足迹将引导后来人继续前往。暴雨来临时，那里将会成为一条鸿沟。雨水将冲走土壤，使这里成为不毛之地。

在地中海地区，这个问题非常突出。在维尔顿峡谷，下山小路的状况越来越糟，激流在树根间流淌，把树根裸露出来。若我们的祖先在地上留下他们的脚印，那是因为这是一条捷径。

当您穿越饲养场或高原牧场后，请关上栅栏门。在有路标的小路上，这种栅栏门的结构非常简单。

还有另外一些方法用来跨越栅栏，譬如梯子、地上格栅、曲折通道等，都可起到防止牲口走失的功用。即使您的周边没有牲口，并不说明宽广的牧场上别的地方没有。一条奶牛价值好几百欧元。对于农民来说，一群羊走失，一个牲口受伤，都会给他们带来严重损失。

不要离开您脚下的路，那是徒步者的领土。旁边的土地是野生动物的王国。在重要时期，譬如发情期、产仔期，特别在冬季，野兽一旦受到惊吓，就会发生严重后果。

不要跟踪动物，也不要追寻它们的踪迹。使用望远镜远远地观察它们。动物安详地生活在自己的领地，没有受到我们的打扰，这景象难道不胜过看见一个逃跑的动物吗？

徒步时应给狗拴上链子。对于那些小型动物来说，譬如啮齿类和鸟类动物，您的狗就是强悍的捕食类动物。

徒步已经变成一种时尚，小路上的人越来越多。我们要遵守公民道德。

如果每个徒步者不加注意，**垃圾就会成为严重问题**。一个香蕉皮需要一年的时间降解，一个橙子皮或谷物棒的包装盒则需要 4 年时间。一个烟头在大自然中可以保持 20 年，一个罐头盒或塑料瓶需要几百年的时间，至于玻璃，则需要几千年的时间才能分解。

要注意垃圾分类。野餐结束后，可以准备几个垃圾袋。在露营地，若您生火做饭，请充分利用这些垃圾。把罐头盒放进火中燃烧，既可清洁盒子又方便将其压扁。纸张、硬纸板、茶叶袋、卫生纸，把它们统统烧掉。

在美国的公园里，要求公众**不能留下任何食物**。动物变得有依赖性，甚至攻击野营的游客。

只留下您的脚印，只拍摄照片。“**不要采摘花朵，那里将长出石头……**”把鲜花拍摄下来，鲜花在自己的土地上才更加美丽。很多花草受到保护，采摘此类花草将受到严惩。

同样，**不要带走矿石和化石**，把它们留在原地，供他人观赏。

箭头、陶罐等考古文物一旦离开自己的环境，便不具备任何科学价值。

气　　象

环绕地球表面的大气层称作对流层，高度约 10 千米，占整个地球大气的 4/5。这个对流层受地球表面特性的影响。电报机的发明促生了气象学，科学家在同一地区的不同地点交流气象信息，发现其中的变化。人们发现在一个国家或一个大洲范围内可以界定“气团”的特性。

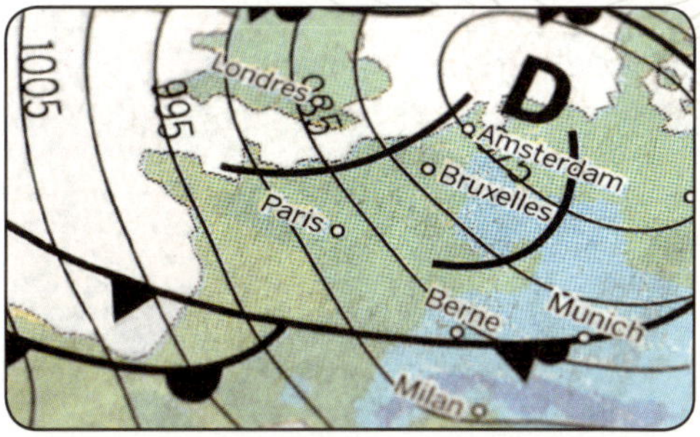

每个气团都含有水分，水分永远呈水蒸气状。

当水分变成液态便会下雨；变成固态，形成冰晶，便会下冰雹或下雪。如果温度降到 0℃以上，水蒸气就会凝结成液态。如果温度降到 0℃以下，就会变成固态。

气团上升，温度下降，气团中的水分就会凝结。空气的纵向运动带来降水。气象学家关注的另一个问题是，在一个地区的表面，大气压力发生变化。可以在地图上画线，把相同大气压力的地点连接起来，这就是等压线。

在南北半球，人们发现等压线的曲线与地形的曲线非常相像，一些等压线围绕着低气压，另一些围绕着高气压。

低气压与高气压之间的分界线为 1 015 毫巴。风沿着等压线从高气压向低气压运动。在低气压中按照顺时针方向旋转，在高气压中按照逆时针方向旋转。

在地球表面，高压气团和低压气团影响着整个地球的气候。法国温带地区的气候受热带地区的亚苏尔高压气团和冰岛的低压气团的影响。由于风向作用，西风既带来极地的冷空气，也带来热带地区的热空气。两股空气的交接点称为“极锋”，此处可见气团间的冲突。有时热气团代替冷气团，产生一个热锋。有时冷空气从低压区脱颖而出，击退热气团，形成冷锋。热气团与冷气团是相辅相成的。

天气预报

电话拨打 3250 即可得知法国天气预报。然后拨打 08926802 ＋省区号码，即可根据个人需要，选择地区性天气预报服务。内容选择多种多样，譬如一周七天、下周末、调整晴雨表、农业、海洋、山区等。不了解天气情况便无法准备徒步。粗心大意的徒步组织者忽略天气预报，若由此而发生事故，将追究其法律责任。

看天识天气

人类发明了探测气球，后来有了气象观测卫星。这些手段都是用来从高空观察和了解地面的天气情况。那么，一个在地面上行走的徒步者如何能了解气象的变化呢？

锋面即热气团和冷气团之间的接触面，或倾向于热气团，或倾向于冷气团。当气团上升，其温度下降，凝结成云。两个锋面的连续运动称为大气扰动。

热锋面的经过

热空气缓慢上升到冷空气上方。锋面的坡度很小。热锋面延展至几百千米。

云彩沿其水平方向不断发展。

人们可见到飞机在天空留下的痕迹很久才消失，说明在海拔 6 000 到 8 000 米的高空水分很多。气压降至每小时 1 毫巴。在大气扰动到来前，若徒步者有高度表，可见气压降低 1 毫巴，海拔高度便上升 8 米。这种气压的下降标志着天气要变坏。

最先出现的是卷云，云层轻薄，迅速占据高空。热锋面到来之前，风向主要是南风和西南风。

卷层云和高层云呈奶白色，迅速遮住太阳。山区可能降水。

云层越来越厚，从山头向山下蔓延。天空变得阴暗。雨量越来越大。

两个锋面之间可能有热气流经过，可带来强降水或短暂晴天。温度可上升几摄氏度。

在冬季，雨雪分界线可上升好几百米。

冷锋面的经过

冷空气突然将热空气推向高空，云层垂直方向运动。冷锋面从几十米可延展到几百米。

若热气团区域出现一线晴天，可见大片的积云滚滚而来。若热气团区域没有一线青天，人们什么也看不到。块积云和积雨云所经之处，暴雨重来。积雨云可带来雷电。

冷气团的到来可造成 5 至 10℃的降温。雨雪分界线也随即下降。风向转为西北。冷锋面过后气压降低。

随之而来的是恶劣天气。天空布满积云，降雨和晴天轮流出现，天气多变。

在山区，空气上升，其温度下降，带来比平原地区更多的强降水。

冷空气把热空气推向高空，云层纵向发展。

暴 风 雨

天气预报员带着南方口音结束他的预报："根据帕尔曼－列维方法计算，今早在奥贝纳斯－拉纳斯的蒸汽蒸发总量为 76 毫米。"

全法国的省份都有暴雨，特别在南方和中央高原。

同人类一样，植物通过出汗调节体温。汗水蒸发到空气中，空气变得潮湿。随着热气团的上升，水分凝结，形成云彩。

白天，云层越来越厚。云彩聚集在一起，形成积雨云，是夏季暴风雨的主要来源。积云也可于夜晚形成，黎明时分成为暴风雨。积云也可能消散。

积雨云隐身在云层的冷锋面旁。

当天空中有积雨云经过，可有暴风雨。

雷电

雷电是暴风雨对徒步者构成的最大威胁。积雨云中产生强电弧，可直击地面。

对于徒步者来说，感觉到蜜蜂的嗡嗡声预示着雷电即将来临。

在暴风雨来临之前，应该做好防雷准备。

首先可以收听天气预报。但暴风雨与大气扰动不同，属于区域性现象，无法做到准确预报。

白天积云处在变化之中，是预报暴风雨的主要因素。另外，民众的经验也可借鉴。雷鸣电闪。闪光的速度为 300 000km/s。雷击产生的时候我们可以看到闪电。

声音的速度为 340km/s。将闪电时刻与听到雷声的时刻之间的时间乘上 340，便可知晓暴风雨还有多远，向我们靠近还是远离而去。

若在暴风雨中下山，需要格外谨慎。不要待在露天场所，雷电可能击中任何高出的物体，譬如树木、岩石、篱笆桩等，也可能击中徒步者。应远离金属物，譬如电塔、金属装置及其零件，譬如帐篷顶柱、铁钩、铁棍，以及可能导电的水流和河流。

岩壁表面也可能导电，不要躲藏在岩壁下面，应保持几米的距离。不要躲在岩石下面。若躲在岩洞中，应远离洞口。岩石裂缝中有雨水流淌，可能成为导体。可利用绳索、背包把身体与地面隔开，尽量使用干燥的绳索或背包。不要待在石块或树枝可能坠落的地方。尽量待在避风处。

涨水

除暴风雨外，另一个危险就是涨水，特别是在荒漠或地中海地区。

由于植被稀少，雨水不能被完全吸收。雨水在河床中迅速积累，增大河水流量，连那些干涸的河床也不能幸免。

因此，沙漠中也可能发生溺水事故。几分钟内，河水的每秒流量可从几升到几立方米（1 立方米 =1 吨）。

暴风雨来临时，若身处峡谷中，应立刻离开或尽量向高处攀登。若河水出现浑浊，说明洪水很快就要到来。

洪水是一种难以预防的危险，因为引发洪水的暴风雨可能在好几千米之外。

荒　野

无法对法国的荒野做一个确切描述。很多作者写了很多书，甚至出版了多卷百科全书。一些专业出版社出版了一些指南和植物、鸟类图册和专业书籍。我们并无此雄心，仅将荒野的特点加以介绍。

地质学

顾名思义，地质学是大地的科学，是一切学问的基础。地理学是对地理的描述。地质学有很多分科，关注各种不同的问题。对地表的研究有助于农业和植物学，对矿产资源的研究与工业相关，地貌学帮助地理学者了解人类的定居，静修者在山顶秀美的景色中整理着思路。

对于外行，这是一门复杂的学问，千万年的历史阶段在这里交汇。前寒武纪是一片无尽的天地，我们很难知道恐龙在长满菊石的海洋中游泳。

至于克鲁马努人，我们又把他们放在什么位置呢？

地质学邀请我们在时间的长河中畅游。在多少个世纪里，“大拇指”到处留下了标记，地质学家努力把它们搜集到一起。

前寒武纪是地球历史上一个古老的时期，地球诞生于46亿年前。我们对于前寒武纪时期基本毫无所知，留下的痕迹稀少，藏而不露。某些岩石上有生物化石，大多是微生物，证明在几十亿年前已经有生命存在。

在5亿年前的**古生代**，大陆还不是今天的形状。大陆分成两块。地球上只有植物生长。在煤炭和石油中能找到这些植物的化石。海洋中居住着巨蝎和软体动物。

2.5亿年前的**中生代**，出现了第一批大型陆地动物——恐龙。在劳亚古陆边缘，在当时两个超大陆北部，在特提斯洋的大陆平台上，形成了大型珊瑚礁，厚度达到几千米，同时也出现了甲壳类动物。

这些原始土地资源丰富，属于热带气候，石灰岩的山岭围绕着中央高原和阿尔卑斯山，一直延续到汝拉山区。6.5亿年前，随着恐龙的消失，中生代也随即结束了。

这些地质遗迹成为法国徒步者最喜爱的地方

第三纪一个大事件就是哺乳动物统治大地。这个时期，地中海海面还很低，罗纳河在蒙泰利马尔和马赛之间挖出一个类似于科罗拉多的大峡谷。大陆板块的移动形成了阿尔卑斯山和比利牛斯山。

200 万年前，地球进入第四纪，地球表面的大陆形成了今天的格局。北极冰盖一直延续到美国和英国北部。

阿尔卑斯冰川侵入到峡谷之中。今天格诺布尔的所在地曾经覆盖着上千米厚的冰盖。

几百万年前，哺乳动物群向人类进化。20 万年前，智人出现了。这是人猿家族中十几种不同种类的最后代表。我们今天仍然处在第四纪。

在地球表面，大量的岩石构成了我们的主要景观。气候、植物和人类的活动都成为这些景观的一部分。

熔岩来自于地心，由于风化作用而裸露出来，或者在火山喷发时被抛射出来。

沉积岩如同石灰岩，由生物构成；也如同砂岩或黏土，由其他岩石碎片构成。

变质岩来源于另外两种岩石，在高压和高温作用下形成变质岩。在大陆板块的边缘或在山体隆起过程中形成了变质岩。页岩和大理石都属于变质岩。

地矿研究局搜集了大量法国地质数据。以国家地理学院的地图为基础，该局出版了 1/50 000 的全方位地质图，还出版了大量科普书籍以及以地质为对象的徒步指南。

面对地球的伟大杰作，我们只能自叹不如。在地球漫长的历史长河中，既有生命诞生和发展，也有过几乎所有生命在地球表面突然消失。

在今天的一些环保言辞中，人们经常搞错了斗争对象。应该拯救的不是地球。不论人类对它做什么，它都无所谓！

在 46 亿年间，地球经历过更恶劣的命运，陨石轰击、火山喷发、生命大量消失。

重要的是应该与全球气候变暖作斗争，只有这样，人类才能在地球上生存。

动物群落

白鼬调皮、狡猾，每天都来到我们营地周围，在我们的剩菜剩饭中翻来翻去。像儿童的戏耍一样，一位同伴把一个饭盒扣在它头上。被扣在里面的囚徒开始挣扎，在里面大吵大闹。另一只白鼬靠近饭盒，钻到饭盒下面，拱起腰身，将饭盒抬起，把同伴解救出来。

白鼬属鼬科。这种小型食肉动物擅长捕食老鼠，但观察它们却非易事。貂很机灵，擅长攀爬，捕食松鼠。石貂可钻过很小的缝隙，猎食家禽，吸食猎物的血液，然后回到自己的洞穴睡上几天，消化食物。在小型食肉动物中，獛很稀少，它像一只斑点野猫，出没于中央高原的森林之中。法国有 6 种有利爪类动物。

狍子和鹿属于鹿科，生性好动，不论任何海拔高度的森林中都能见到它们的身影。

狍子　是一种小型动物，肩膀高度约为 40 到 60 厘米。

鹿　是我们的动物群落中最大型的野生动物。某些公鹿的肩膀高度可达 1.4 米。九、十月是它们的繁殖期，森林中回响着雄鹿发情的叫声。这是大自然最具观赏性的景象。

这个时期不要接近动物，以免打扰它们的繁殖。雄性动物攻击性强，一头雄鹿重达 200 千克。

鹿科动物在春季体重下降。夏季是它们的生长季节。

岩羚羊、岩羊和猸羊是山区的象征，在地球各个角落都可见到它们。

猸羊　与高山没有关系，它们喜欢峭壁，死海岸边低于海平面 400 米的海底峡谷中就能见到它们。

由于这种动物不怕生人，所以曾经濒临灭绝。它是意大利的动物之王，维克多·埃曼努尔二世辟出“大天堂”保护区，挽救了这种动物。法国高原的所有猸羊都来自于此。

岩羚羊　在陡坡森林中安身，清晨到高原牧场进食。

岩羊　源自中东和地中海中的岛屿，在 20 世纪 50 年代被引入法国高原。虽然引入是成功的，但是它们不能适应冰雪，成为大型食肉动物的猎物。法国高原中大型食肉动物的数量逐渐增加。

大型捕食性动物

在阿尔卑斯山区最后见到熊已是20世纪30年代末的事了。在比利牛斯山区，当地的动物种类逐渐消失，只有从东欧引入的狗熊在证明此类动物的存在。

猞猁来自于瑞士的汝拉山区，身上有斑点。年轻的猞猁在母亲的领地旁边择地而居。行动秘密，常出没于汝拉山区。它们在阿尔卑斯山南麓的巢穴越来越受到威胁。

1992年，**狼**从意大利的阿布鲁斯高原回到阿尔卑斯山区。估计有4到6个狼群分布在法国的阿尔卑斯山区和汝拉山南部。从今年开始，它们进入中央高原。狼群的回归带来自然保护主义者的兴奋，也造成与畜牧业的矛盾。

乔瓦尼·博伊塔尼是阿布鲁斯公园的负责人，他说："在大自然中有一只狼还是一只熊，就好像在博物馆中有一幅蒙娜丽莎，这说明那里的自然保护已经达到很高的水准。"

一份好礼

时近午夜，我们看完电影，驱车行驶在维尔高尔的冰雪道路上。

在正前方，车前灯照亮了两只眼睛。

我们来到动物面前，它待在原地未动。起初我们以为遇到一只狐狸，但很快我们发现这个动物个头更大。两只大耳朵高高竖起，两耳的顶端在头顶几乎碰到一起。

它来到公路上，嘴巴贴着地面，爪子略微弯曲，受到惊吓，也肯定被灯光照得眼花缭乱。它在车前几米的地方穿过公路。

背部灰色，两肋浅黄褐色，腹部浅色。它冬季的毛皮闪闪发光，又厚又密，看上去真是一头漂亮的动物。

来到公路的另一侧，狼回转身，静静地看着我们，然后，消失在林下灌木丛中。

近10年来，狼回到中央高原，能够看到维尔高尔狼，我们可谓三生有幸！

鸟类

鸣禽目在地球上种类繁多,每个种类都有自己明确的生态巢穴,而其他种类则是见机行事。某些鸟类以谷粒为食,另一些吃昆虫,还有一些吃地上的虫子。观察鸟类需要一副高质量望远镜,因为鸟类好动,而且动作迅速。通过现场长期学习才可了解鸟的鸣叫,而且还要具备一对有乐感的耳朵,或者利用录音来熟悉鸟的鸣叫。录音机是一个好帮手,因为鸟的个头很小,人通常先听到鸟鸣,然后才见到鸟。需要注意的是,利用鸟哨和播放鸟鸣录音可以吸引鸟类,但此做法有非常严格的规定。

海边可见大型鸟类。它们经常在悬崖上筑巢,它们群居在海岸孤立的山岩上。

通过望远镜可以观察到它们在鸟巢中的情况。

它们的巢穴很难接近,所以它们也不怕生人。

地球上到处都有食肉猛禽类和鸦科,它们捕食啮齿类动物,譬如老鼠与野兔,也捕食鸟类。

大乌鸦的翼展宽度可达 2 米,属于高山鸟类。它们像黄嘴蓝鹊一样,在峭壁上空盘旋。寒鸦是大乌鸦的近亲,属于平原鸟类,喜欢在塔楼上空盘旋,在塔楼或钟楼里筑巢。黄嘴蓝鹊的爪子为红色,喙为黄色。寒鸦只有红色的爪子。

鵟是最常见的食肉猛禽,经常栖息在篱笆桩或电线杆上,在田野里捕获猎物。

红隼喜欢在田野上空飞翔,随时准备扑向庄稼地里的猎物。

鹰只在高原飞翔,喜欢猎食旱獭。鹗喜欢在池塘上盘旋。海鹰在科西嘉海岸的峭壁上筑巢,捕鱼为食。

十几年前,从奥地利将**秃鹫**和**胡兀鹫**重新引入阿尔卑斯山与平原草地的过渡区,以及上萨瓦地区。这种猛禽是翱翔能手。秃鹫喜群居,成群结队地在空中盘旋,有时超过 40 只。从维尔格尔到维尔顿,从中央高原到比利牛斯山区,它们长途跋涉,路上还能见到从斯洛伐克远道而来的同类。

这些猛禽是吸血鬼,把大自然中的动物尸体打扫得一干二净。

观察

直接观察食肉类动物只能靠运气，但观察那些不太怕生人的动物就相对容易一些，只要稍作努力便可做到。

我们已经说过，没有望远镜便无法观察动物。更何况为了保护动物，我们应该远距离观察它们。

法国的动物基本上都跟人有接触，但它们毫不在乎。在距离村庄几百米远的地方就能见到狼。

动物经常夜间行动，黎明前或天黑前进食。夏季，食草动物的食物非常丰富。进食所需时间非常短暂。天气转冷，由于食物减少，进食的时间越来越长。不论任何季节，要想看到动物必须早起，经常是早出晚归。接近观察位置时应保持安静。如果刮风，不应待在上风处，因为动物会嗅到我们的气味。观察的位置必须没有遮挡。森林中的有利爪类动物生活在阴影处，那里的视野非常狭窄。它们的视力不太好，但对于运动中的物体、声音和气味非常敏感。应穿好外衣，因为要在观察位置待上很长时间。如果带饭或热饮，不要带那些味道很大的食物，早上不喷香水。观察的位置应选择在森林边缘，前面是开阔的林中空地。某些森林中搭建了一些木棚，用于观察动物。剩下的就是耐心与长时间等待。

几种动物的足迹

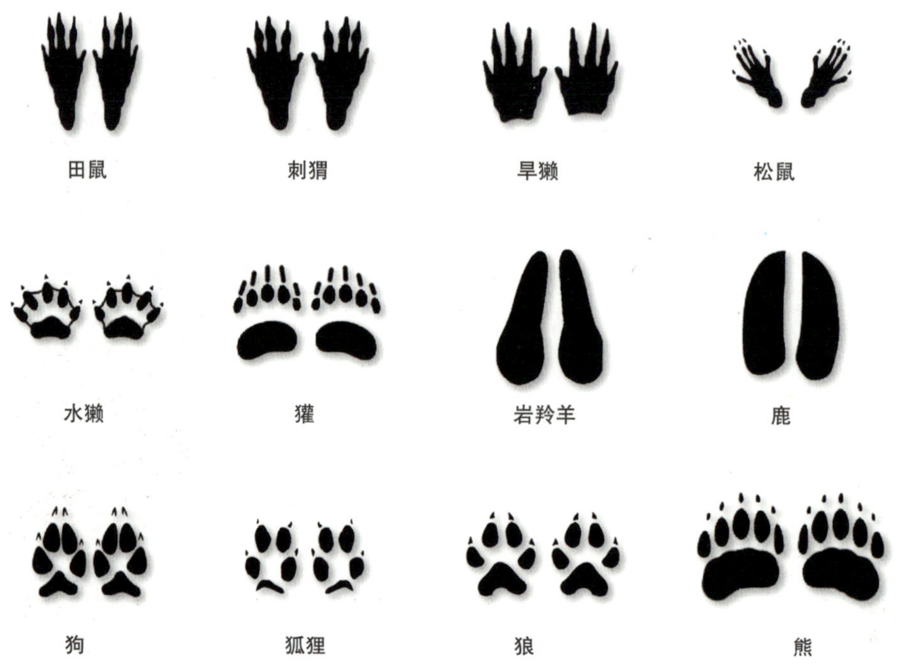

规定与环保

环保的规定有好几种。我们只谈法国的法律。许多环保法规都来自于国际法规和公约。某些规定只适用于某一区域。

列入保护名单的景区指的是文化遗产，譬如历史遗迹、艺术作品、村庄等。但也包含特殊的自然景观。景区周边的任何工程、环境整治或恢复工程都要得到批准，并有明确的工程计划。

国家公园是国家环境部明文规定的区域。除个别情况外，这些区域内无人居住。法国第一个国家公园建于 1961 年，位于萨瓦地区的瓦努阿兹山区。

美国黄石公园是世界上第一个国家公园，建于 1873 年。除环境保护外，国家公园的任务还要接待游客。目前，法国有 8 个国家公园，其中两个在海外省，一个在建，位于马赛附近的小海湾。

地区性自然公园中有人居住。这些公园由当地机构创建。此类公园在法国有四十多个。每隔 10 年，这些公园都要重新审查公园的情况，制定新的公约，还要得到股东的同意，并得到环境部的批准。这些公园的任务是监督公园中的经济活动，保护自然遗产和环境。

自然保护区的环境保护规定最为严格。其使命是保护大面积的特殊土地或某种动物和植物。这些保护区由国家环境部审批，由当地的委员会和科学家委员会负责管理，当地的省长为委员会的领导。

法国也有几个**全生态保护区**，这些区域严禁人类进入。

另一些保护区用于保护特殊物种。

欧盟机构颁布了鸟类保护法，建立了一个观察网络，对各种鸟类进行科学观察和保护。鸟类生性好动，在一个固定地区保护它们是很困难的。制定对动植物生存环境的保护法规旨在引起人们对其生存环境的关注。“自然 2000” 保护区就在此法规下应运而生。

将濒危物种登记造册，以便采取保护措施，譬如禁止买卖、捕猎、运输等。《伯尔尼公约》是保护哺乳类动物的最著名的公约。

国家森林局、国家打猎与野生动物局和国家公园的保卫人员负责环境保护。他们经过宣誓，所以具有开具违法通知书的权力。海关人员和警察也可行使此权力。这些规定有的非常严格，因此，徒步者在这些地区必须遵守规定，自觉保护景观和环境。

植物群

法国的植物种类不胜枚举。就算本书斗胆涉足的植物类，也有好几百种。因此，很难在这里做一个全面的描述。但是如何筛选呢？

世界上已知的植物有三万多种，而且每天都会在人迹罕至的地区发现新的种类。欧洲很多的植物都是外来品种，例如玫瑰来自于日本，栗子来自于印度，槐树来自于美国。它们在植物学家的口袋里进行环球旅行。

春天的复苏

春天里花卉渐渐开放。初春的头几个星期里，一些花卉开始绽放，使人们对它们印象深刻。随后的几周里，另一些品种也加入进来，但在一块地上很少超过十几种。我们耐心等待，在物种丰富的地区，每一周都会发现新的品种，与前几周的发现完全不同。若您开始关注它们的时候较晚，那么面对繁花似锦，您的那点拉丁语知识可能就不够用了。

报春 是花园中常见的植物，是春天最早的花卉。报春（Primo vere）的拉丁语意义是“初春”。这种植物生命力强，花期从 2 月到 5 月。它属于报春属，其中有几百个品种。

野报春的花瓣呈伞形，花茎长，人们通常称之为“黄花九轮草”，是春天来临的标志。

奥地利把阿尔卑斯山的报春花作为环境保护的象征，并作为 5 生丁欧元硬币的图案。

雪花莲 早于报春花，紫色花瓣，黄色花蕊，叶片矛尖形，也叫番红花，当冰雪覆盖大地的时候，它破雪而出。

雪花莲属于藏红花科，花期为 9 月份，其黄色花蕊是理想的烹调佐料。

嚏根草 生长在丘陵地带的山坡上，花期为 2 月份。喜潮湿，在树阴下生长。这种绿色的花朵是最古老的植物之一。它有 4 个大花瓣，叶端尖形，每个叶片都有一颗种子。

蓝精灵的敌人格格巫就利用这种花来制作给人带来厄运的药水。

这种植物有滋补作用，被用来治疗疯病。拉 · 封丹在《兔子与乌龟》中写道：“您疯了，夫人，您应该服用四颗嚏根草的种子来治疗。”

美食徒步

当积雪开始融化，乡下人开始手里拿着刀，到田野里寻找“野菜”。他们采来**蒲公英**的嫩叶，配以烤制的肥肉丁和带壳煮的溏心鸡蛋，一道美味的凉拌菜就做好了。

蒲公英是草地上的黄金，人皆喜爱。儿童吹着花落后的花冠，或把花茎当作小喇叭来吹。美食家拿它来做凉拌菜，即使春天过后，叶片变硬，也可用来烹调，做成鲜美的开胃酒或果酱。医生用它来调节肝功能，也可用来治疗眼病。蒲公英的拉丁语花名为 Tarraxis，意为“视线模糊”。它有利尿作用，因为它的法语名字叫 Pissenlit，意为“尿床”。

白蜡树生长在各个大陆气候温和的亚热带地区。欧洲有 5 种白蜡树，美洲有 15 种。白蜡树单独生长在森林边缘，也生长在海拔 1 500 米的高山上。白蜡树有什么共同特点？

树皮浅灰色，树干橄榄灰色，树冠呈穹隆状，树高可达 15 到 40 米。树叶为复合结构，有对生小叶，果实呈翅膀状，像直升机的机翼，极易辨认。

这种树在春天发芽最晚。

猫头鹰、松鼠、石貂和许多鸟类都在白蜡树上栖息。

白蜡树的树叶腐烂后可长出羊肚菌。该树曾长期被用来治疗发烧。

在欧洲，白蜡树曾被当作“阿司匹林”，后来被奎宁所替代。奎宁（金鸡纳霜）是新引进的植物。白蜡树制成茶或汽水，具有清洗血液的作用，经常应用可保持健康。因此，白蜡树也被称作百年树。

令人讨厌的植物

车前草 常被列为野草，因其生长在甬石间或草地上。然而，它却是徒步者的好朋友。朝觐的人们戴着它，作为护身符。它的叶片其貌不扬，却具有愈合伤口的作用。可治疗创伤、擦伤、血泡、蚊虫叮咬；可给足部消肿，它的法语名字 Plantain 就有此意。叶片为矛尖形，叶脉厚凸，叶片像草丛一样贴地面分布。花茎长约 15 厘米，花序长约 2 到 3 厘米，覆盖着白色或紫色的花粉。

车前草味似蘑菇，可与生菜一起配上酸醋沙司做凉拌菜，或做炸糕。因其味道过重，因此很少单独食用。其叶片坚硬，因此人们只采摘嫩叶。

树莓 有刺，占领每一块荒地。这是一种令人生厌的植物，因为在其覆盖下，森林也会变成荒漠。它出身高贵，属玫瑰科，但也与大部分果树和草莓同科。

它的近亲覆盆子也有刺，夏季结果。树莓秋季结果，果汁常把我们的手指染成紫色。野餐后，认真清洗保鲜盒。徒步回程中，当您来到耕种的田边或栅栏旁，把这些美味的黑色果实装满您的保鲜盒。晚上，您在里面加些糖，放到锅里加热 10 分钟。不要超过这个时间，否则就会变成硬糖。这样，您的早餐果酱就做好了。

接骨木 是乡野中的小灌木，其浆果可做成美味的果酱。其外皮、树叶和果汁可用来治疗冬季病痛，譬如感冒、头痛、流感等。

我们的祖先早已了解这些知识，研究草木的当代植物学家们仍在这块土地上汲取营养。因此，如果出发时只能带一本书，那一定是关于植物的。

除那些植物的名称之外，其中还有许多发现和迷人的故事。

当我父亲走过一片田野，他能说出很多植物的名字，而对于我来说，只是一些花草。我的岳母也拥有这些知识。就是她让我 9 岁的女儿走上了专门研究**荨麻**的道路。

荨麻是令人讨厌的植物，它庇护着十几种昆虫，其叶子用来生产蘑菇，其药物功能可治疗多种病症。荨麻也可用于烹调。很多书籍都对此作了全面介绍。采摘荨麻时要小心从叶片下面下手，这样，荨麻就不会扎人，因为它的刺只长在叶片正面。可将叶片卷起来，把刺包在里面，这样就可以生吃了。

预 防 不 测

制定徒步计划时，首先确定目标，同时充分考虑每位队员的情况。这样可以避免很多问题，使徒步能够顺利进行。

将徒步的具体计划和返回的预计时间告知第三者，此乃聪明之举。应避免在最后一刻改变徒步路线。若出发前必须调整计划，且尚有时间，可在车内留言。

本章将对徒步路上遇到 ++ 的风险加以介绍，其数量远超过我们的想象。譬如动物可能刺伤或攻击徒步者，或者传播病菌。还有天气条件，雷阵雨、暴风雨、寒冷、浓雾等。另外，还有野外活动可能发生的事故，譬如割伤、烧伤、扭伤、坠落等。

人在野外停留的时间越久，发生事故的机会就越多，譬如多日徒步、高山徒步游、旅行等。若徒步者单独行动，风险机会就更大。山区、热带和高海拔地区都是危险地区。

总有一天您会遇到这些问题，譬如从太阳灼伤皮肤到身体不适，甚至发生严重事故，必须呼叫急救队。

出现问题时，理性、镇定和思考是处理问题的最佳方法，也为随后的救援提供方便。

不论您参加考试还是遇到业务上的困难，所有心理学家都会对您说，做好面对困难的心理准备，当困难突然降临时，这种心理准备可帮助您调整压力。

徒步中可能发生不幸事件，这些建议会有所帮助。

几种特别技巧

打结

徒步不同于专业登山运动，不必掌握那些打结和使用绳索的专业技术。几种简单的方法便可让自己摆脱困境、跨越障碍、帮助一个眩晕的同伴，或搭建一个掩蔽所来保护器材。

8 字形结：常见的打结方法！

如果只学一种打结方法，那就是这一种！

这种绳结也可用来把队员串系在同一根绳索上，也可固定一根绳索或连接绳索两端。另外，这种绳结的 8 字形状也极易识别。不论何种用途，绳头至少要留出 15 厘米。

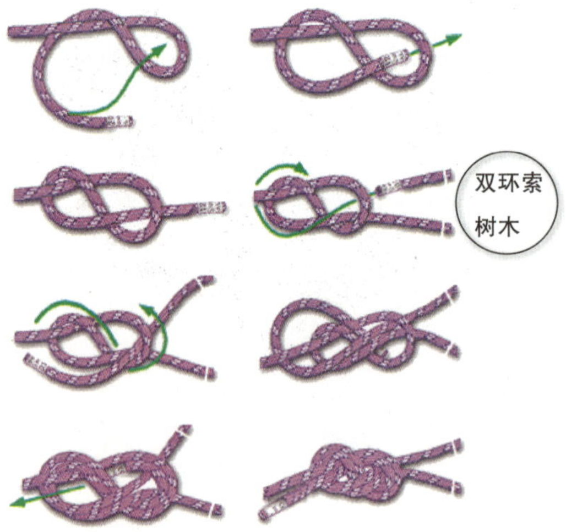

8 字形缆绳结（双环索，树木）

单 8 字形结

8 字形两端连结

双重单结

跟8字形结一样，可用来把队员串系在同一根绳索上，把绳索固定在树干或岩石上，或连结两条绳索。此结的优点是便于操作和记忆，此结非常结实，好于8字形结。

绞盘索结

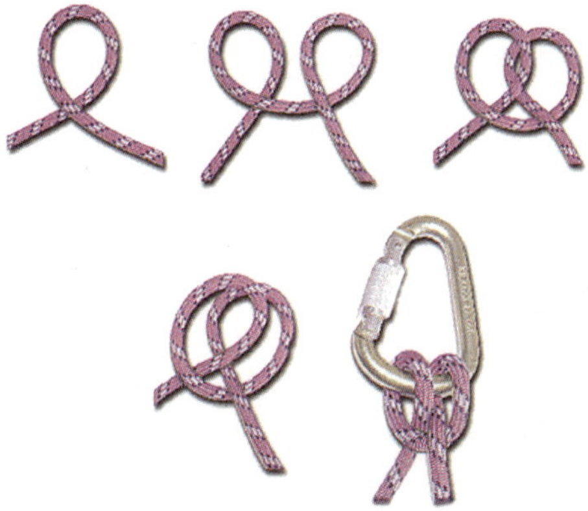

此结的特点是拉动时可自动收紧。此结适用于捆绑木杆或树枝，以便随后搭建掩蔽所。

用绳索围绕树枝，将活头穿到死头下，然后在第一个环下面再打一个环，最后把活头从第二个环上面穿出。

两个拉环是平行的。

为拴住木桩或弹簧钩，此结的特点是可以单手操作。注意，此结不可用于绳头，因为受力时此结可能滑动。

双层渔人结

此结是渔人结的一种变化，用来把鱼钩拴在钓鱼线上。尼龙钓鱼线很滑，此结可连接尼龙线的两端，做一个环或安装一个挂钩。

虽然此结很容易，因为只有两个半结，但却需要经验，不能搞错方向，这样才能把两个结完美地扣在一起。此结还可变化为3个结。

绳索的活头要留出至少10厘米。

带结

此结只用于连接带子的两端，用来做一个环。带子打的结应拉紧，并经常检查，因为此结易松脱。

与所有绳结一样，带子的两端应留出至少10厘米。

在大自然中找到掩蔽所

不论是否有准备，徒步者可能需要在大自然中过夜，而且还没有适当的设备。若没有什么妙招或经过检验的技术，以下几种理性方法可让野外的夜晚不那么辛苦。

选择地点

如果可能，不要等到天黑，因为趁着天亮可以选择睡觉的地点。应尽量选择避风躲雨的地方。可以利用山洞、矮墙、壕沟或土坡。

针叶树的低矮树枝或树的落叶也是很好的选择。森林中的大部分动物都在这些地方过夜。

若白天气温很高，岩石释放热量的过程慢于土壤和沙子，所以在岩石上过夜更加暖和。

不论如何，不要在山梁上过夜，除非想在那里欣赏黎明。若留在山顶，可把背包当作屏风来保护头部。

应该避免在山口过夜。人们翻山越岭走的是山口，而风也会从那里经过。

如果下雨，所有低洼地带都会积满雨水。一个干涸的河床也会水流湍急，一棵孤零零的树可能遭到雷击。

清晨，冷空气聚集在低洼处，温度可能很低。

羊群和沼泽地附近苍蝇、牛虻和蚊子肆虐。

黄昏时分，池塘周围景色优美。夜幕降临时，青蛙和蟾蜍联袂奏响喧闹的音乐会。红隼的叫声胜过双簧管。

找到掩蔽所

根据随身携带的物资情况，搭建一个掩蔽所可能比较麻烦。首先，利用树枝、树叶或干草作铺垫，把身体与地表隔开。野营救生毯或塑料布可以隔潮。在救生毯下点燃一根蜡烛可提高里面的温度。可把救生毯披在身上，但与蜡烛或打火机配合使用则效果更佳。应选择那些可重复使用的厚救生毯。

可利用细绳和树枝搭建一个屋顶或一堵墙，用来挡风。可用细绳做一个框子，然后把树枝交叉放在上面，尽量使用带树叶的树枝。

把这个屋顶架在树干、矮树枝、矮墙或土坡上。依靠砍倒的树干，您可以有很大空间伸展四肢。也可躺在壕沟里，然后用树枝加以遮盖。注意，下雨时，壕沟里会积满雨水。

在冬季

圆顶雪屋是爱斯基摩人舒适的掩蔽所，建造这种屋子需要基本的工具来切割雪块。这个工作不能一蹴而就，需要几个小时的时间，积雪还要足够坚硬才能切割出所需的雪块。

可利用雪铲在雪堆中挖一个洞。

首先，在地面上挖一条隧道，然后将其扩大，直至可以在里面安身。

也可在雪堆上开出一条缝，挖掘缝隙的两壁，以便安身其中。最后用树枝、救生毯把缝隙盖上，用雪将其压牢，以保证其保暖效果。

不管外面的温度如何，圆顶雪屋里的温度保持在 0℃左右。

用两手刮平内壁，以避免融化的雪水滴落。由于冷空气比热空气重，应在掩蔽所里挖一条沟，让冷空气留在里面。建造一个这样的掩蔽所需要体力，大约需要两个小时。但是，这种劳动的回报就是，不管外面的温度如何，里面的温度保持在 0℃左右。

生　火

捡拾生火的木柴　如前所讲，绿色的树枝难以燃烧，不能带来热量，因为其热量都用于蒸发树枝里的水分。

生火需要干柴。不要选择活着的树木。

枯树或枯枝落到地上后，在动物和微生物的作用下，经过一段时间，它们就会腐烂，变成腐殖土，为其他植物提供养料。为找到干柴，可捡拾那些尚未腐烂的树枝，或直接把树上干枯的树枝取下。显然，枯树枝没有树叶，或者在冬季没有芽苞。干树枝折断时发出清脆的声响。生火需要干树枝，大小粗细均可。

点火　除干柴外，还需要耐心。最难的是如何让火柴或打火机的火种变成一堆旺火，可以做饭和取暖。为此，有一种产品叫火绒，易于燃烧，且时间长久，足以点燃一小堆干柴。点火可利用纸张、干草、蜡烛、浸满煤油的棉花或烧烤用的引火柴。决不能将煤油直接倒在火苗或火炭上。真正的引火柴是蘑菇的韧皮和火绒菌干粉。不用打火机点火的人们如今仍在使用这种方法。

细树枝点燃后，可逐渐添加更粗的树枝，注意不能让火苗熄灭。燃烧需要木柴，也需要氧气。经受过童子军训练的人都会在火种上架起一个柴堆。燃烧的木柴发出劈啪的声响。

松树、冷杉和云杉容易燃烧，因为这些树枝中含有树脂，但它们燃烧得快，提供的热量少。另外，它们迸发出来的火星可能在衣服上烧出小洞。

山毛榉、橡树是取暖的好材料。

高原地区和极地冻土带的桦树含有丰富的油脂，即使潮湿的树枝也可燃烧。

火点燃后，可把粗大的树枝点燃，使火堆持续燃烧。要逐渐添加木柴，既可维持燃烧，又能节约木柴。2 米高的火焰毫无用处。

在避风处生火既有效又安全。

风可把火星带到很远的地方，星星之火可能造成火灾。

可在山崖或矮墙下生火，也可立起一块石板挡风，还可在安全距离的地方挂起一件衣服或一块布来挡风。

如在一个岩壁下生火，热量从岩壁上反射回来，热量传播的效果更好。

寻找食物和饮水

若吃野生植物，必须对这些植物非常了解。近年来，采摘和食用野生植物成为时尚。跟一位内行的植物学家参加一个实习，这是了解野生植物的最好方法。

除尚未成熟的白色浆果外，大部分浆果都可食用。在草地上，有蒲公英，还有荨麻，可以像菠菜一样食用。冷杉和云杉的嫩芽也可生吃。

至于打猎，非常抱歉，我们不是在兰达岛。设陷阱捕捉毛皮兽的职业猎手不是随便什么人都可以做的，用石块打野兔的猎人也一样。打猎还意味着烹饪，要知道如何把猎物切成碎块。新的研究表明，在我们的史前祖先和如今仍然以打猎和采摘为生的人群中，食物中植物的份额超过肉食。

伊努伊特人例外，因为他们那里没有植物，即使有，也只有短暂的几个星期。

找到水源

国家地理学院的 1/25 000 地图上标注了水源，但不能保证有水。一年中的某些日子，水源可能干涸。

一个水源需要一个山坡贮水池，宽阔的池面收集雨水。山顶从来没有水源。水源都在山脚和山腰。

地势起伏，水沿着溪谷流淌，形成丰富的水源。

找到一条小溪后，应向水源靠近，检查水源是否被污染。若上游有牧场，动物的粪便可能污染水源，这种水不能喝。若无法确定水源是否纯净，可进行化学处理，或把水煮沸几分钟。若除了死水、水塘、水洼、沼泽以外，没有其他水源，可将水过滤或滗析，然后再进行处理或煮沸。

冬季的积雪是不竭的水源。为避免来回行走，可用塑料袋做一个水池。雪中含有大量空气，融化后的雪水比雪块的体积小得多。

雪在热水中溶化得更快。可将雪放入饭盒中，盖上盒盖，让雪慢慢融化。可通过加热加快融化的速度。夏季，在法国海拔 1 500 米以上的高原地区，可在山洼和山洞的入口处找到粒雪。可将黑色塑料布铺在山坡上，在中间开一个槽。把雪块放在上面。用树枝挡住雪块，防止其滑落。在槽的下方放一个容器，把融化的雪水收集起来。把这个水进行过滤和处理。在石灰岩地区，水源稀少，过去在山区工作的人们住在冰川附近，整个夏季就利用这个技术收集饮水。

也可将篷布或生存救生毯做成沟槽，用来收集雨水。

最后，还有一种方法，但效果不大，即利用塑料布上的冷凝水来收集水。把塑料布的四角固定在高处，在里面放一块石头，使其成漏斗状，在下面放一容器。在塑料布下放些植物可加快凝露的过程。

"离开大自然，人便失去本性。"
——贝尔纳 · 法利奈里
《未来在乡村》

野外的危险

大自然有一些危险，但远比国家 7 号公路周末出发度假的车流安全得多。

世界上 85% 的人口住在城市里，剩下的人口中大部分住在城市近郊。因此，城里人对一些野外的危险和乡下生活常识基本一无所知。

与野外相关的危险

昆虫

欧洲与其他大陆不同，除鹿科动物的面部抽搐病、淋巴疾病之外，其他动物都不具有传染性。若被蝎子、大胡蜂、胡蜂和蜜蜂所蜇，可能因发生过敏性反应而带来危险。大胡蜂是飞翔能手，应避而远之。

野餐时要格外当心，因为甜食可吸引这些昆虫。野餐过程中，不要打开甜食的包装，留到最后时刻再吃。

若一只胡蜂或蜜蜂在您身边飞旋，您就闭上嘴，走开。不要乱动，发疯的昆虫可能向您进攻。养蜂人深谙此道。给蜜蜂分群需要极其冷静。养蜂人与成千上万只蜜蜂生活在一起，很少被蜇。

某些毛虫可能引发皮肤红肿。这些毛虫移动时通常首尾相连。

偷 盗 者

在露营地，我和达尼埃尔夜晚露宿。黎明的曙光唤醒了我们。

帐篷中，赛德里克和玛丽也相继醒来。一只狐狸从帐篷后边窜了出来，令我们大吃一惊。

狐狸跑了几米远，停下来。

它打定主意，要继续偷窃。于是，小心谨慎地向帐篷靠近。这时，它发现达尼埃尔和我正在笑眯眯地看着它。我们离它两米远。

狐狸犹豫了，重新向帐篷靠拢。它盯着我们，后退几步，然后又迈着碎步走回来。

我们轻轻地对它说："喂，狐狸，你想偷我们的饭菜吗？"狐狸一直犹豫不定，有些为难，有些害怕，也可能有些饿。

在营地门口与帐篷之间走了几个来回之后，它最终决定放弃偷窃，走开了。最后经过清点，狐狸偷走了两个面包和一块火腿。狐狸与其他犬科动物一样，发现一个食物源后，它会多次往返，运送尽量多的食物，然后把食物藏到安全的地方。

家中的禽舍被狐狸光顾过的人都知道，一夜里所有的母鸡都被它杀死，然后它再一只一只地衔走。

动物

在狂犬病肆虐的地区，家畜可能传播病菌，譬如猫和狗。野生动物也可能传播病菌，譬如狐狸、啮齿类动物等。卫生防疫部门对此情况比较了解。

野生动物都怕人。面对各种危险，它们非常谨慎。攻击行为比较罕见。只有那些大象、野猪、鹿、熊等大型动物才可能攻击人。而这种攻击大多出于害怕，而非真正意义的攻击。

野生动物可能更加关注您的食物。在科西嘉岛，野猪可以把一个密封的罐子打开。到处乱窜的老鼠和睡鼠夜里来偷走您的食物。

最好的预防方法是把食物用绳子悬挂在树枝上，让动物接触不到，还要远离您睡觉的地方。在北美的公园露营地，安置了一些金属箱，供人们存放食物。

不论如何，永远不要喂食野生动物，它们会对这些食物产生依赖，为了得到食物可能会攻击人。另外，改变它们的食物习惯对于它们是非常危险的。

在欧洲或北美，熊是比较危险的动物。

从远处看，熊吃灌木，采食浆果，跟山羊一样温顺。它精力充沛，擅长游泳，爬树灵敏，体重像一头野猪，长有犬牙，爪子有好几厘米长。

它可在 3 秒钟内奔跑 45 米。一头发狂的熊非常危险。因此，应避免接近熊，不要惊扰它，也不要把熊仔与母熊分开。

在熊出没的地区，建议徒步时使用铃铛，熊喜欢牙膏、食物、香皂的气味，帐篷中不要存放这些东西。

大褐熊体格最高大，一掌就能将汽车门扯下。

植物

大自然中的很多植物都可食用，德国出版了4本书介绍可采摘的野生植物，5本介绍野生植物的菜谱。但是，某些植物具有强烈毒性，甚至可能致死。

有毒植物数量不多，譬如猪殃殃，其毒性非常大。这种植物的花瓣大，紫色，生长在海拔1 500米的高原地区。

应特别照顾好儿童，不让他们采野花。没有经过有经验的大人的允许，儿童不能食用野生植物。把可以食用的野生植物逐渐介绍给儿童，告诉他们，与任何一种不认识的植物的接触都是危险的。

狐狸的粪便可以传播危险的寄生虫病菌，包虫病直接侵害肝脏。潜伏期超过10年，所以难以诊断。对于这种病菌的地理传播途径也不甚了了。因此，对于贴地面生长的植物要多加小心，譬如木草莓、欧洲越橘、蒲公英等。

消灭植物中寄生虫病菌的唯一办法就是把食物用70℃的热水进行烹煮。

卫生问题

在长时间徒步中，如果在野外停留几天，卫生问题就凸现出来。在国外和法国的一些地区，出现过各种卫生问题。出发前，应充分了解相关问题，做好预防准备或打预防针。某些国家要求必须接种黄热病和肝炎疫苗。

最常见的病菌都是由水来传播的。因此，对有问题的饮用水一定要进行处理，游泳也要慎重选择地点。在石灰岩地区，土壤没有过滤作用，水可以渗透到地下，对水源造成污染。

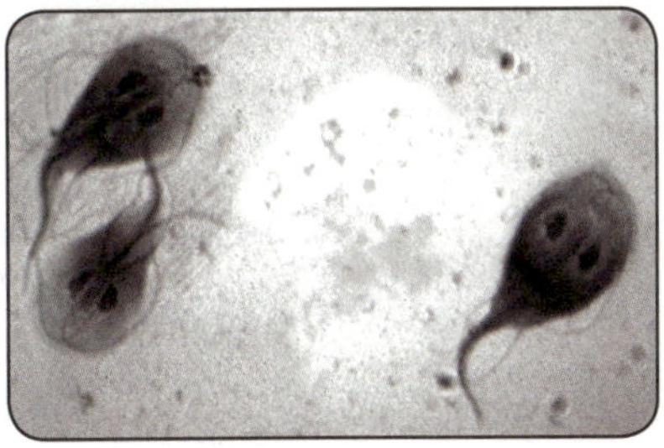

贾第鞭毛虫生活在河流中，通过人粪便传播。当您排便时，应远离河流。若饮用河水，饮用前必须进行处理。

要经常洗手，既保持个人卫生，也对全体队员有益。用肮脏的手吃饭可能造成腹泻，进而以迅雷不及掩耳之势殃及到所有队员。

长途航线的发展使飞机乘客也成为病毒的载体。

聪明的做法是停止前进，
等待天气好转，
以便能够辨别方向。

与天气相关的危险

若报纸报道一些严重的自然灾害，我们不应惊讶，因为这些自然灾害一直存在。仅仅几年前，天气信息还不能迅速送达到每家每户。媒体对自然灾害的报道更多是为了刺激大众的神经，而非报道现实。

尽管气象工作者似乎能够识别恶劣天气，譬如飓风、暴风雨等，但他们与天公的恶作剧的关联似乎超过对人类的责任。尽管如此，天气预报仍然是徒步者了解困难的好帮手。

雾

某个海拔高度的云层产生了雾，不幸的是，您在那里徒步。雾的产生也可能源于盆地或谷底中冷空气的凝聚。当我们身处高原，脚下的云海美轮美奂。即使天气晴好时也可能发生这种冷空气的凝聚。

雾给空气中带来潮湿，造成温度下降，打湿我们的衣服。当空中飘来一片云雾，我们应注意穿衣。

温度降到 0℃以下时可能出现结霜。路滑是一个新问题，岩石上尤其打滑。

雾带来的最大问题就是无法辨别方向，有时甚至连山坡都看不清。冬季里可以看到一些滑雪者摔倒，原因就是他们在这个白色世界里迷失了方向。若走在一条小路上，要注意不能离开小路。应该放慢前进速度，注意方向的变化。遇到交叉路口要注意观察路标，或利用指南针找准方向。

要按照地图上的徒步路线前进，当云雾来临时，您还可以知道自己大体的方位。取出指南针，严格按照操作求测量方位，然后继续前进。

若多人徒步，应尽量集合在一起，并经常清点人数。

最后，若真的迷失了方向，聪明的做法是停止前进，等待天气好转，以便能够辨别方向。

刮风、寒冷、下雪、潮湿

即使温度在 0℃以上，刮风和潮湿也会严重影响徒步者感受到的温度。空气对流可以让人失去热量，潮湿和刮风会使徒步者很快失去热量。

天气预报除报道避风处测得的温度指数外，对"寒风指数"的报道越来越多。寒风指数的预报在北美比较常见。若避风处的温度为 5℃，在风速达到每小时 50 千米的时候，人感到的温度是 -10℃。因此，恶劣天气条件下，哪怕在夏季，人也可能因为体温下降而生病。需要提醒的是，在高原或高海拔地区，哪怕在气候温暖的季节，温度也可能降到零下，也可能下雪。

一旦遇到恶劣天气，应找避风处躲避，或立刻下山。团队成员应团结互助。可以用餐或讲一些笑话，以调节气氛。当然不能喝酒，因为酒精不能带来热量。

咨询天气情况是安全徒步的重要保证，因为徒步者可根据已知的天气情况来准备行装，即使夏天也不例外。要特别关注温度和风速。天气预报难以非常准确，无所谓，天气变坏时多一件衣服总比少一件要好得多。

炎热、中暑和脱水

三伏天，高温炎热，中暑是非常危险的。若体温上升到 40℃以上，人体机能便受到威胁。所以，应预防中暑。不论地中海地区的干热还是热带地区的湿热，炎热都会造成严重脱水，给徒步者带来很多危险。在背风向阳的地区，这个问题愈加严重，譬如背风的山坡、山谷深处等。徒步者应及时补水，节省体力，因为耗费体力的同时，体温也会上升。尽量在清晨或黄昏时候徒步，以避开一天中炎热的时候。

在每个有水源的地方可以稍作休息，把帽子甚至衣服淋湿，起到降温作用。

若水源可以饮用，应把水壶灌满。可把手臂、颈部和腿部淋湿。

若您想游泳，应小心入水，逐渐淋湿身体，以避免冷水刺激性昏厥。炎热天气条件下徒步，防晒霜、帽子和太阳镜都是必不可少的。宽松透气的浅色衣服也是必需的。

中暑时感觉皮肤发烫，体温非常高。应立刻为患者降温，将其放在遮荫处，用潮湿的衣物为其扇风。若患者神志清醒，还可将其浸入水中。中暑可导致昏迷，而重新站起时可能摔倒，因此，应对中暑者特别加以关照。

脱水的主要原因是食物控制不当，譬如液体食物以及矿物盐的摄入不足，也可能因为穿衣不当。缺水可导致疲劳、中暑或体温降低。脱水的原因是体能消耗，炎热和干燥天气可使情况加重。寒冷、潮湿和高海拔也是脱水的原因。脱水也可由疾病引起，譬如中毒、旅游腹泻、肠机能紊乱等，这些疾病可带来呕吐、腹泻。

当您发现自己口渴，尿色发黄，尿量减少，这些身体情况您就要开始注意。

恶心、头晕和头痛是病情恶化的征兆。

注意休息，定期饮水，对预防中暑非常重要。如有可能，应治疗引起中暑的疾病。水中放入一勺盐和一勺糖，融化后饮用，是非常理想的饮料。

火灾

火灾可由自然现象引起，譬如雷电、火山喷发等，也有人为因素，譬如疏忽大意或故意纵火的犯罪行为。若遇大风，火势更猛，对地中海地区和松树林威胁最大。林中茂密的灌木丛可导致火烧连营。

然而，火灾也是生态中的一个部分。在加拿大，每 200 或 300 年就会发生森林大火。

若您发现可疑的浓烟，应迅速撤离该区域，并及时通报当地政府。火可以快速蔓延，释放出来的几百摄氏度高温与熊熊火焰一样危险。若遇到一个天然屏障，譬如滑雪道、公路或河流，穿过这个屏障，躲避到没有植被的地区。

可躲在一个天然障碍物后躲避热浪，如果可能，将衣物浸湿，或用湿毛巾遮住口鼻呼吸。

面对事故

本书并非教授急救课程，我们只向您介绍可能会遇到的最严重的问题。不论如何，发生严重事故后需要对受伤者进行救助，并送到医院进行治疗。您的任务就是在救护人员到来之前避免伤情加重。

很多机构都进行急救培训，譬如红十字协会、消防队等。这些培训非常有用，不仅适用于徒步，也适用于日常生活，譬如车祸或家庭中的突发事故等。

筋疲力尽

这里所说的不是简单的疲劳，而是更严重的情况，症状有头痛、呕吐、发烧，脉搏虚弱且急促。此时应给伤者喂水，让其完全休息，并抬起两腿，让血液流向心脏。

休克

这种情况是由于出血引起的循环系统的问题，也可能由于烧伤、体温下降或中暑。而引发休克。

出现休克应立刻开展急救。如果知道休克的原因，应立刻进行处置。

患者脉搏虚弱且急促，面色苍白，神志不清，皮肤发凉，身体颤抖。应将患者放在背风处，并用睡袋为其保暖。

随时注意患者的情况，如脉搏、呼吸、意识等。并对患者进行安慰，因为慌乱只能加重病情。头部与身体平齐。两腿的血管里有好几升血液，将其抬高等于进行自我输血。

记录患者身体情况的变化，这些情况对于医生的诊断非常重要。

出血

若血液颜色发黑，且出血不止，这是静脉出血。若血液颜色为红色，呈喷射状，则是动脉出血。幸好动脉出血的机会很少，因为动脉通常位于身体的内部。

除重伤外，只要经过勒紧包扎，通常可以止血。首先将无菌纱布放在皮肤上，然后用另一块纱布进行包扎。

不要勒得过紧，以免阻碍血液流通。

注意观察患者的脉搏以及四肢的颜色。

若继续出血，可在第一层纱布上再包一层纱布。包扎过程中，可用手掌压住出血点，并将出血的肢体部位抬高。

除特殊情况需要截肢外，不要使用止血带，因其完全阻断血液流通，可能造成肢体坏死。

出血停止后，应对伤口进行消毒和包扎。不要挪动伤肢，以避免造成新的创伤。

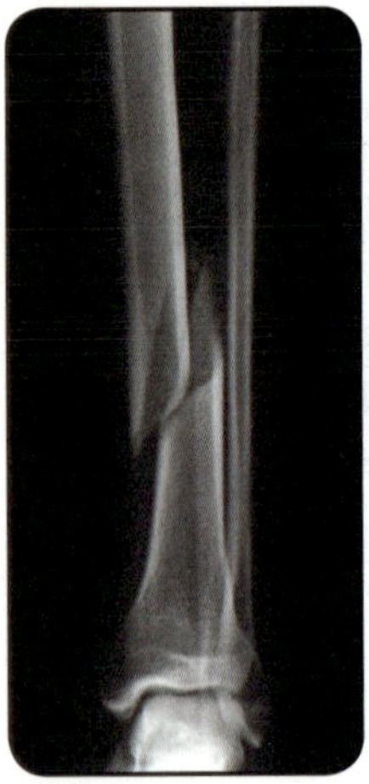

骨折

某些骨折只能通过X光检查才能确诊。其他骨折则容易判断，可观察到骨头变形或错位的情况。若断骨穿破皮肤，称为开放性骨折。

根据基本的急救常识，我们可做的是帮助伤者减轻痛苦，等待救护人员的到来。第一件要做的事就是保护和固定受伤的肢体。应将受伤的整个区域进行固定，譬如前臂。同时也要固定伤口附近的关节，如手腕和肩部。

用夹板固定骨折部位，譬如木板、坐垫、手杖、杂志等。可用长围巾将前臂挂在脖子上。把伤腿与好腿捆绑在一起。

若发生开放性骨折，应首先处理伤口并进行保护。若发生骨头错位，减小错位程度可大大减轻伤者痛苦。但此操作应非常谨慎，只能在别无他法的情况下才能使用。可轻轻拉扯伤肢两端，使折断的两块骨头分离。

失温

失温是指体温下降，冬季以外的其他季节也可能发生。雨天的潮湿加上刮风，寒风指数效应可带来体温下降，特别在山区。这里所讲的失温是指体温下降到37℃以下。若体温下降到34℃以下，可产生严重的后遗症。

若出现身体发抖、说话缓慢、麻木、易怒等症状，可认为出现了轻微失温。严重失温的征兆为身体不再发抖，因为肌体不再抵抗，肢体无法活动，脉搏虚弱，甚至出现昏迷。严重失温患者的呼吸系统的反应可能更加危险。移动患者要非常小心，最好让患者原地不动。

首先应阻止患者身体继续降温，将其放在背风挡雨且温暖处，譬如山间小屋、帐篷或睡袋等。

若患者的衣服已潮湿，应为其更换，还要给他戴上手套和软帽，穿上袜子。不要让患者直接躺在地上，可用树枝、背包或睡垫铺在地上。让患者恢复体温，可喂其热饮、生火，也可用您或另一个人的身体为其取暖。严重失温需要立刻救治。

冻伤

冻伤是指身体末端由于寒冷受到损害，譬如鼻子、手指、脚趾、耳朵或脸颊。首先，皮肤失去感觉，随后变白或发蓝，若皮肤发黑，就是严重冻伤。轻微冻伤阶段，可逐渐给冻伤部位加温。不能使用热水或热的物体，因为在伤者毫无知觉的情况下可能带来灼伤。换掉潮湿和过紧的衣服，换上干爽衣服。把两手放在另一个人的腋窝下，或把两脚放在另一个人的肚子上。若伤者还要继续走路，不要脱掉他的鞋。

失去知觉

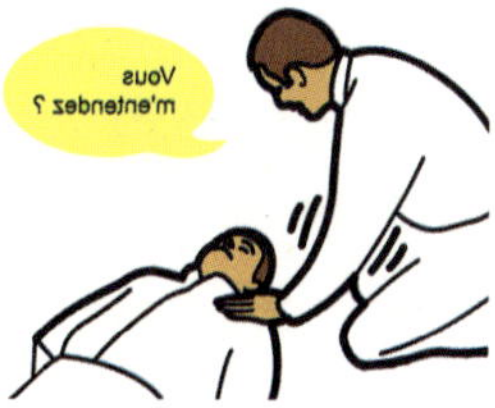

跟伤者说话，提问他，若可能的话，呼唤他的名字，把住他的肩膀轻轻摇晃，轻轻拍打他的脸颊。除去呼吸道中的障碍，让他呼吸通畅，譬如物体、舌头、呕吐物等。检查伤者是否在呼吸，若呼吸停止，应立刻进行人工呼吸。若伤者在呼吸，首先进行处置，然后将其置于侧卧的安全体位。记住发生事故的时间，发出求救信号。除非不得已，不能让伤者独处。经常检查伤者的神志、呼吸和脉搏情况。记录检测时间及伤者的身体表现，这些情况对于以后的诊断非常重要。

侧卧体位有助于呼吸和血液循环，避免伤者因舌头或呕吐物而窒息。将伤者身体轻轻翻转，上面的手臂放于胸前地上，弯成直角，手掌向上。上面的大腿弯曲，放在下面大腿的膝盖上，可避免伤者趴卧。用另一只手或衣服垫在头部下面。头向后仰，嘴朝向地面。

发生严重失温或怀疑脊椎发生骨折时，不要采取此操作。应注意保持伤者的呼吸道畅通无阻。若把伤者单独留下，则一定将其置于侧卧体位。

抢救

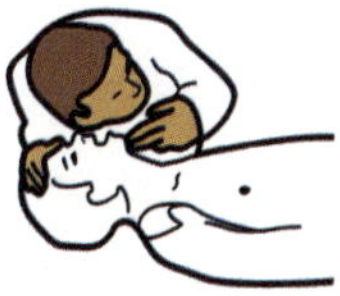

对伤者进行抢救的人员一定要经过急救培训，动作格外小心。要注意两种情况：换气停止和心跳停止。为检查伤者是否在呼吸，可把耳朵靠近伤者的嘴，感觉是否有气流，观察胸部的运动，这是肺部膨胀的信号。为检查心跳，可用食指和中指检查伤者的脉搏。可在手腕拇指一侧的褶皱处检测，但上肢活动可能使脉搏消失。也可在颈部颌下侧面的颈动脉位置进行检测。通常情况下，心跳停止时呼吸也同时停止。

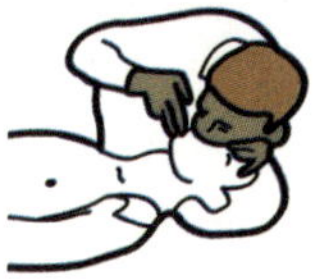

进行人工换气或口对口呼吸时，首先应清理伤者的呼吸道。拉出伤者的舌头，清理口腔内的异物。为避免舌头堵塞口腔，可一手抬起伤者的下颌，另一只手把伤者的额头向后推。推额头的手同时捏住伤者的鼻子。把您的嘴张大，紧贴伤者的嘴，不能有泄漏。吹入两次空气，然后察看伤者的胸部是否隆起。每次吹气之间，您的嘴离开伤者的嘴，以便空气流出。每分钟吹气 10 次，儿童 20 次。若伤者恢复呼吸，可将其置于侧卧体位。否则，检测脉搏之后，应实施心肺抢救。

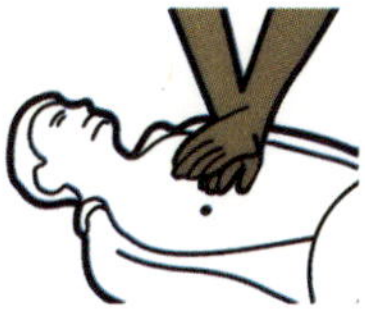

进行外部心脏按摩应特别小心，其危险在于可能造成伤者肋骨骨折。找准胸骨的最高点，把手掌放在上面，另一只手叠放在第一只手上。将全身重量压向手掌，下压 15 次，同时数数，1、2、3……每分钟下压 100 次。然后进行两次口对口吹气。一直进行此操作，直到救援人员到来或呼吸恢复。定期检测伤者脉搏。此操作需要体力，若多人在场，可轮换进行。对儿童进行此操作只能用一只手，每 5 次下压后，进行一次人工呼吸。

初步处置

被昆虫蜇伤

徒步者若被蜜蜂、胡蜂或大胡蜂蜇到，异常疼痛，同时伴有红肿和轻微发炎。蜜蜂蜇人后将其毒针留在人体内，有时还留下一个透明的小口袋，那是密封的毒腺。可能的话，应利用一把拔毛钳将其拔除，而不要挤压。然后，清洗皮肤，涂抹消炎药。除疟疾肆虐的地区，蚊子叮人并不可怕。虽然有一些药膏涂抹，但做好预防是最好的方法，譬如蚊帐、喷雾器、长袖衣服等。被蝎子蜇后非常疼痛，必须将毒液清除。在地中海地区或沙漠地带，收藏或使用鞋和羽绒被时，应用力抖动。

被蛇咬伤

人们通常认为被蛇咬伤是很严重的事故，但情况并非都如此。蛇咬伤人的事件并不常见，因为蛇是一种胆小的动物。为避免被蛇咬伤，翻动石块或在灌木丛中搜寻时要格外警惕。

被蝰蛇咬伤可带来剧痛。蝰蛇咬人的伤口有两个小洞，周围有红晕。应严格避免毒液的扩散。最佳方法是让受伤者静止休息，给其饮水，给伤口消炎。可将被咬肢体固定，让受伤者半坐。被咬肢体可能肿胀，并出现血肿。不论任何情况，应及时打电话求助，受伤者要有人陪伴。

皮肤灼伤

即使阴天，紫外线照射依然存在。水面或雪面强化了这种反射。应尽量穿着长袖外衣，使用高指数的防晒霜。不要忽略暴露在外的耳朵和颈部，可穿带领子的衬衣，把衣领竖起，加以保护。应特别照顾好儿童。

皮肤灼伤严重时应及时就诊。应穿着干净的内衣，以保护灼伤的皮肤。应待在背阴处，多饮水。皮肤灼伤可造成脱水，引起发烧。

抽筋

抽筋常发生在大腿、小腿肚和两脚。不经常锻炼的人经常发生抽筋，严重缺水时也可发生。建议饮水、按摩和伸展抽筋的部位。

扭伤

身体受到扭曲时，韧带拉伤，造成扭伤。若韧带松弛，说明扭伤程度不重。若韧带拉断，情况就非常严重了。关节肿胀，可出现血肿。

扭伤可带来疼痛，但并非使人无法走动。可以小心谨慎地回到家中。需要解决的问题是如何降低疼痛，缓解受伤的关节。为此，应将扭伤的关节缠上绷带加以固定。

若没有急救常识，可简单地将绷带以 8 字形缠绕在受伤关节上，避免阻断血液流通。

伤口

应使用肥皂水清洗伤口，并进行消毒处理。若伤口中有异物，譬如沙子、石子，可将伤口外翻，用无菌纱布将其取出。

若伤口边缘齐整，可将伤口两侧靠拢，用伤口缝合胶布粘贴。

若伤口大量出血，应在出血点上盖一块无菌纱布，用手压住，或用带子捆住。

血液可能传播病菌，为了自己和为您处理伤口的人的健康，建议使用乳胶手套。药箱中应经常准备一或两副乳胶手套。

水泡

所有徒步者都可能脚上打泡，对此不可掉以轻心。首先，它可能使您无法行走；再者，处理不当可能带来感染。首先，应调整好鞋带的松紧度，并在相应部位粘贴胶布。如果这样做了仍然打泡，泡也不会破裂。不要将泡挑破，因为皮肤可以起到保护作用。

若水泡过大，应将其挑破。首先将一根针消毒，然后在水泡两侧扎一个孔。若水泡的外皮脱落，则应按照一般伤口的处理方法进行消毒。

不论如何，伤口应进行包扎。若需要继续赶路，可使用专门的水泡胶布，贴好后可以保持数日，直至伤口愈合。也可使用弹性绷带进行保护。

用于半天散步或徒步的基本装备：

- 脱脂纱布块、小块无菌纱布；
- 医用橡皮膏；
- 绷带；
- 水泡专用敷料；
- 用于伤口消毒的药物；
- 处理蚊虫叮咬和碰伤的药膏。

一日徒步必需的药物：

- 弹性和普通绷带；
- 一块一米见方的布，用于固定手臂；
- 一把锋利的小剪刀；
- 一根保险别针，一把拔毛钳。

用于团队或多日徒步的装备：

- 镇痛和消炎药；
- 止泻药；
- 广谱抗菌素；
- 抗蚊虫叮咬的药膏；
- 弹性橡皮膏。

高山救援的大部分对象为徒步者

救援

预防

在发出求救信号前，想好并做好几件事，可以使救援的效果更好：安顿好受伤者，包括将其放在避风处，让其处于舒服的体位，陪同受伤者，使其保持清醒等。然后等待其他队员到来。让闲杂人员退到旁边。

您也要做好与其他队员分开几小时的准备，包括衣服、食物、头灯、地图等。记住行进路线，以便随后与其他人会合。

在一张纸上记录与团队相关的所有信息，包括人数、年龄、身体和心理状态等。还有您所处的精确位置，便于在地图上找到相应坐标，利用 GPS 进行定位。

初步了解受伤者的情况：

- 受伤者能否回答提问？他的意识是否完全清晰？
- 受伤者是否**呼吸**？
- 受伤者手腕或颈部有否**心跳**？
- 受伤者是否明显**受伤**？譬如出血、肢体变形、疼痛等。
- 说明受伤者的**位置**，包括地点、位置、周边人数、衣服颜色、团队已经采取的行动等。
- 受伤者的**年龄、性别**，若您认识受伤者还可提供其身份。
- 说明天气情况，譬如刮风、多云、有雾等。

将这些情况记录在一张纸上。

紧急救援的呼叫号码是 112。这个号码应该牢记。不论您的手机运营商为哪一家公司，这个号码都可以拨通。然而，这个号码被转到一个急救管理中心，而非直拨，在某些山区和特殊区域可出现盲区，影响呼救信号的发出。最好记住一些山区紧急救援中心的直拨号码，他们可以最先到达事故现场，譬如山区警察分队、高山警察分队等。

把这些号码设置在您的手机的常用号码簿中，以便出现问题时及时拨打求救电话。

若您拨打 18，可以连通当地救火机构和救援协调中心。

拨打 15，可连通医疗急救部门。若您在受伤者身边，医生可能指导您对伤者进行检查或采取一些行动。

告知您的身份以及您的**手机号码**，在对伤者进行救助的过程中**保持开机状态**，您要随时听从救援人员的指挥。明确回答您的电话中的所有问题。

最后，若您独自前行，要格外谨慎，选择一条安全的路线。

112 为全欧洲救援号码

说明困境

身处困境时，应努力确定所处的位置，或发出求救信号，以便被其他人发现，并通知救援部门。

标注和位置描述

- 利用一块布或一根绳索，在经常有人经过的地方设立标志，表示自己的位置，并在标志设立处留一个信息；
- 可以生火，利用潮湿树枝燃烧后的浓烟显示自己的位置；
- 若您身边有空地，可在地面画一图案，以便从附近的山头或飞机上发现这个图案。应适用国际通用图案。画一个 Y 字，这是 Yes 的第一个字母，表示“是的，我们需要救援”。最好是用鲜艳的色彩来画这个字母，譬如红色或橙黄色。也可使用石块堆成这个字母，通过石块的侧影引起人们的注意。
- 也可将一块救生毯展开铺在地上，救生毯的反光可以引起注意。用石块压住，防止被风吹走。也可在救生毯上写上 Y 字母。

S.O.S

● ● ● —— —— —— ● ● ●

专业救援单位的直拨号码

阿尔卑斯山区

上萨瓦：安纳西高山警察分队：17 / 夏莫尼斯高山救护队：04 05 53 16 89

萨瓦（乡镇和大区高山救护队号码）：莫利埃纳（莫达纳）：0479051188

特朗台斯（阿波维尔 / 布尔－圣－莫里斯）：0479082930

伊塞尔和德罗姆（乡镇高山救护队号码）：格诺布尔：0479222222

上阿尔卑斯（高山救护队号码）：布里昂松：0492222222

阿尔卑斯－上普鲁旺斯：112+ 若斯埃尔高山救护队号码：0492810760

海滨阿尔卑斯（高山救护队号码）：圣－索沃尔 / 第奈：0497222222

比利牛斯山区

阿里埃日：萨维尼亚克－雷－奥尔莫高山救护队号码：0561642258

上加隆（高山救护队号码）：巴尼埃尔－德－卢松：0561893131

大西洋比利牛斯：112+ 奥罗龙－圣玛丽高山救护队号码：0559100250

上比利牛斯高山救护队号码：0562924141

东比利牛斯：112+ 奥赛亚高山救护队号码：0468045103 和波尔凯尔高山救护队号码：0468303057

其他高原

汝拉山区（爱恩－杜－汝拉）：莫雷兹高山救护队号码：0384603102

浮日山区：蒙斯特尔高山救护队号码：0389771422

中央高原：112+ 穆拉高山救护队号码（康塔尔－15）：0471200480

蒙多尔高山救护队号码：（比德－多姆－63）：0473650406

科西嘉：科尔特高山救护队号码：0495461395

留尼旺岛：圣德尼高山救护队号码：0262930930

引起外面人员的注意

可使用有声信号、叫喊、敲打饭盒或吹哨。

白天可利用镜子反射太阳光来发出信号。

夜晚，可利用灯光发出信号。目前大部分的 LED 头灯都具备闪烁功能。即使身处电话盲区，深夜里也可从远处发现电话屏幕的微弱光亮。

当您确信附近有人或者您的位置不太起眼（如在森林里）时，可以发射红色信号弹。有小型的信号弹，大小如钢笔，团队成员每人都可随身携带。

利用莫尔斯密码系统发出 SOS 信号，三声长音，接着是三声短音，然后还是三声长音。可利用哨子或灯光信号发出这个求救信号，然后稍加等待，再重新开始。

全球卫星搜救系统（SARSAT）与阿尔古斯（ARGOS）联动系统可在全球任何地方进行定位，此系统在法国的中心设在图鲁兹，与全世界的救援机构相连。

安装全球搜救系统既复杂又昂贵，主要用于地球上非常荒芜的地区。在某些荒芜地区，此系统是必备的设备，譬如格陵兰岛。

近年来出现了踪迹搜索和 GPS 定位系统，可以使外面人员跟随您的徒步路线。您也可提前录音，需要时把信息发给预选的亲朋好友。

唯一的问题是，这套系统使用无线电话网络，因此在盲区无法发出求救信号。需要提醒您的是，电话运营商关心的是利润，而非客户的安全。

最后，若此系统出现故障或没有网络，您的亲友该如何面对您的突然消失？手机也有同样问题。这不是卫星电话，它需要信号中继站。

没有天线就没有网络。为发出求救信号，有时需要离开事故现场。

卫星电话可以连通地球上的各个角落。

可以使用银行卡提前付款，因此，需要核对您的账户中是否有足够的存款。这个系统的费用极其昂贵，每分钟几十欧元。所以，只有在真正危险的徒步中或身陷困境时才使用此系统。

几年前，出售此项业务的“铱”（Iridium）公司破产了，突然切断了全球的地面联络，值得深思。

救援直升机

在高原地区，几乎所有的救援行动都由直升机来完成，因为直升机可以快速到达偏远地带的事故现场，展开施救。大部分情况下，随机配有急救医生。

要知道每年在山区救援的人员当中，一半为徒步者，达到 2 000 人。

通常情况下，法国每个省拥有两架直升机用于公共救援。公共救援的直升机颜色为红黄相间，国家警察局的直升机为深蓝色。

在繁忙季节，呼救人数很多，只能按照事故的严重程度来安排救援。

在冬季，私人公司也可参加救援行动，但是，他们不属于公共部门的救援，费用将由被救助者个人承担。

关于直升机救援的几点要求：

螺旋桨叶高速旋转，眼睛难以发现，可带来致命危险。

未经机组同意不可靠近运转中的直升机。如果获准，也要从正面靠近，以便驾驶员和机械师能够看到您。

严格按照他们的手势行动。

绝对不能从后面接近直升机，因为后螺旋桨非常危险。

与所有飞行器一样，直升机应迎风而立。它需要直径 25 到 30 米的区域，地面尽可能平整，上面不能有任何障碍，譬如树木、电线、柱子等。螺旋桨旋转时，一切物体都可能被搅动起来，譬如衣服、背包、树枝等。

为直升机指引降落地点，您应该跪在地上，背朝风向，面向即将降落的飞机。

两臂分开，上举呈 Y 字形。闭上眼睛，一动不动，因为驾驶员以您为参照点让飞机着陆。

若发生事故，您要意识到在这个地区可能不仅只有你们团队。直升机从高空很难判断出哪个团队遇到危险。

若一架直升机在您的上空盘旋，避免向它打招呼。

应使用国际通用信号“Y”或“N”，让驾驶员知道您需要救援。

做好救援前的准备

当救援人员到达时，他们可能需要您的帮助，但通常情况下他们单独施救。

不要打扰他们。只需按照他们的要求去做便可。事故发生后，通常需要等待一段时间，有经验的专业救助人员才能到来。您需要耐心等待。

出现严重事故时，救援队中会派一名急救医生随队前来。受伤者可能被迅速运走，或现场实施急救。

您需要询问受伤者所去医院的地址，及时提供参加徒步的队员和受伤者的身份和通讯方式。除特别危险情况外，救援队只带走受伤者。您和其他队员应准备步行返回，同时注意带走所有垃圾。

任何救援人员都没有医生的作用重要，他们只能在运输过程中保持伤员的情况稳定。

在救护直升机经常巡视的山区，救援人员可以快速到达现场。但在农村等非常规巡视地区和义工巡视的地区，您等待时间相对较长。

由于身体疲劳，许多事故都出现在天色已晚的徒步后期。若夜幕降临，您的等待时间可能还要延长。

我们说的不是那些需要好几天行程的荒漠之地，所以，您只要发出求救信号就行了！

首先，徒步中要谨慎行事。要预留出更多的安全系数，离开城市越远，这个安全系数越大。比如，在撒哈拉沙漠或格陵兰岛腹地，不要攀爬任何山岩。

国际求救手势

是 /Yes
我们需要救援。
两臂上举，呈 Y 字形。

不/No
一切都好，不需要救援。
右臂向上，左臂向下，象征N字母中的斜杠。

徒步的准备

选择徒步路线的标准是个人爱好与身体素质。

如果想去某个地方，也具备这个能力，那就做好计划，装满行囊，露营几日。若相反，没有这种体力，也不愿意露营，那就量力而行，不用背负一个沉重的行囊。这是您的假期，您的乐趣，一切皆由您来做主。然后，尽管一条小路上景点星罗棋布，尽管路上游客很多，一路上照样风光无限。探奇与远离城市并非快乐的同义词。

咨询信息

口碑

这是最初的信息来源。

如果同伴们喜欢一条线路，或某条线路成为经典，其中总有道理。或因其美景而闻名，或因其方便而吸引游客，或因其服务质量而得到认可。

导游图

法国有很多旅游指南。我们了解的主要有南方出版社和夏米纳协会的中央高原旅游指南，格雷纳出版社的各种阿尔卑斯旅游指南，徒步出版社的比利牛斯旅游指南。他们都出版徒步指南，通常为一日徒步，帮助我们彻底了解一个地区或一个高原。法国徒步协会出版的指南按照地区或路线分类，集所有当地协会标注的徒步路线之大成，总长度达到 18 000 千米！最权威的徒步指南标注了最成功的徒步旅行线路和本地徒步旅行线路。某些书也介绍了一日徒步和城市徒步。最新的徒步书籍推荐家庭徒步。所有这些书都推荐徒步线路和计划，甚至还有局部地图。

按照出版社的说法，这些书提供了徒步的全部信息，书籍开本便于携带。依本人之经验，当地形改变，天气发生变化，只要有徒步指南和导游图，我们就可以安然自得。这些书籍中提供的实践建议非常有用，从路径、公共交通、住宿到当地的各种信息，应有尽有。总之，所有制定您的徒步计划的信息都包含在内。

关于在外国徒步旅行，瑞士奥里扎纳出版社提供了一系列旅游指南，既有文化介绍，又有实用建议，推荐了许多可供选择的徒步路线。

此系列中的《拉达克－桑斯卡尔》是畅销书。

《寂寞星球》（Lonely Planète）旅游指南推荐了许多徒步旅游的书籍，但大部分为英语。据我所知，只有介绍尼泊尔的那一本被译成了法语。专业杂志中也有许多相关报道。懂英语的人的选择范围更大。

精美的书籍

装帧精美的旅游类书籍使您梦想成真，让您带着美好回忆回到家中。这些书籍通常都会介绍目的地的文化背景，或一路上的新奇发现。有时，这些书还配有实用指南，但由于不够完备而难以对制定徒步计划起到很大帮助。

杂志与互联网

《散步与徒步》、《冒险手册》、《登山杂志》、《徒步越野》属于专业杂志。上面刊登的文章都是旅行或徒步的心得体会、地区介绍等，同时还介绍徒步技术，但通常比导游图更加简短。书中的精美插图更能激发读者美妙的幻想。其中刊登的技术和教学文章介绍器材的变化及其使用方法，还有厂家推荐的新产品。

登山运动和徒步联合会也有自己的刊物，通常只在内部会员中发行。其风格与普及类的杂志相近。这些刊物还登载联合会的相关信息。

还有一些地区性杂志，譬如《阿尔卑斯杂志》、《比利牛斯杂志》、《弗朗什－孔代》、《布列塔尼》、《普鲁旺斯地区》等。尽管不是徒步专业杂志，它们也刊登一些关于徒步运动的文章。夏季，这些地方性杂志有时发行徒步专刊。

在互联网上，品牌厂商推荐商品的网站提供大量的技术信息。另外还有杂志和联合会的镜像站点。

在这些网站上，一些勇敢者开辟空间，介绍自己的徒步设备和技术，展开讨论，有时交流心得。网站还推荐下载文件，但有时需要付费。

计划的准备

徒步线路一旦确定，就应开始着手具体准备工作。此项工作非常复杂，也因此而令人着迷。单身在外国徒步需要精密筹划，准备工作需要提前几个月，若把筹集资金的时间包括在内，甚至需要几年的时间。在地图上设计路线，了解目的地的情况，徒步的美梦已经在这些准备之中悄然开始。探险的准备过程已经充满刺激，而这个阶段很大程度上决定着计划的成败。

制定一个详细计划

在这个阶段，应确认计划的可行性。对于计划要做更深入的研究和周密的准备。现在应拿定主意。咨询导游、查看地图、与当地公园管理机构和旅行社联系、办理相关手续，譬如批文、签证和护照、保险等。若需要当地提供服务项目，应提前做好预订，譬如办理许可证、雇用挑夫或赶骡子的人等。把第一天预留出来，以便在当地解决最后的问题，譬如办理手续、物资补给等。

后勤是如何运作的

在预订的宾馆住宿还是露营？如何进行物资补给？是否会遇到村庄？自己携带物资还是雇用牲口驮运？既然朋友们将随后加入，并带来食物，是否需要提前储备生活物资？所有这些问题都要提前考虑到。应提前 6 个月做准备，这些准备是一种训练，对于其他计划也有帮助。把所需物品列一个清单，以免遗漏。

预订所需的服务

首先，应预订好运输工具和宾馆。在法国，若提前购买火车票，价格优惠。有一些打折的条件可以利用。应注意的是，某些车票既不能改签，也不能退票。飞机票亦如此。旅行社实行票额分配，即提前预订一部分飞机座位。若他们的额度已用完，则不能确定可以买到其他机票。出发日期前一个月，旅行社购买所订座位，将剩余座位还给航空公司。超过这个日期后，旅行社很难为您买到机票，而且即使买到机票，您也可能被要求支付额外费用。这些座位在互联网上可以削价预订，但有一定风险，尤其当好几个人一起旅行时，还是谨慎为好。

制作徒步路线图

在最后阶段，出发在即，可以制作一份徒步路线图，但由于缺少外国地图，制作这个路线图有时不能如愿。

重要的是将徒步旅行的每个阶段记录下来，还有距离、高度差以及天气的基本情况。

多花一些时间来阅读地图，掌握更多信息，以便对当地情况有所了解。

还要记录应该完成的任务，譬如预订出租车、将自己安全到达的信息告知亲朋好友。

一年四季

很显然，根据个人能力，我们可以一年四季到处徒步。

您若只喜欢徒步运动，而且偏爱温暖的季节，那只能选择一年中的某些季节和某些地点。法国的土地上高山平原相间，气候类型繁多，每个季节都可进行徒步。

在高于海拔 2 000 米的山区，由于积雪融化得较晚，且下雪较早，所以在山区徒步只能选择夏季。9 月的夜晚已经寒气袭人，度假的人群已经离开，旅馆会更加安静。

在汝拉山、浮日山、中央高原和前阿尔卑斯地区，徒步的区域在海拔 1 000 到 2 000 米之间，这些地区适合徒步的时间比较长。五六月份，当最后的冰雪消融后，阿尔卑斯山坡繁花似锦。不便之处是这个季节雨水相对较多。

相反，秋季很少降水。白天气候宜人，但黄昏和夜晚可出现初霜。野营者应带好装备。10 月，层林尽染。布列塔尼和大西洋的海岸也属于同类气候。

许多鸟类的发情期也在秋季。

3 月和 9 月间，可在中央高原山麓徒步，那里是喀斯地质，有拉尔扎克高原、梅让高原、黑喀斯高原、荣特河峡谷和塔恩峡谷。这些高原位于法国南部，受地中海气候的影响。这里的海拔高度低于 800 米，因此很少降雪，且雪量不大。相反，这里常年刮风，无所阻挡。因此，尽管晴空万里，人还是能感觉到冰冷刺骨。

东部的阿尔代什河平原和西部的佩里格尔平原，以及科尔希的喀斯高原，海拔很低，许多旅游线路在村庄间穿行，山环水绕，美不胜收。这里的美食不可小觑。

喜欢《文化与美食》的人会选择卢瓦尔河谷，那里有大片的果园和城堡。他们也可能选择勃艮第，探索那里的丰富历史和地势平缓的山区。

隆冬季节，在蓝色海岸和阿基坦与西班牙交界的海滨，没有了游客如云的喧哗，您可以悠然自得地领略恬静的美景。避风处，气候宜人。陡峭的山岩挑战徒步者的运动素质。在法国南方徒步旅行，找到露营地并非轻而易举。夏季的酷暑给徒步旅行带来很多困难，而某些地区因火灾危险而封闭。

在国外徒步旅游

一年四季，气候多变，地区之间反差很大，给徒步旅游带来风险。

印度夏天的季风的威力让欧洲人难以想象。大片田野被淹，只能坐船艰难前行。不断出现的山体滑坡使公共汽车和私家车的出行举步维艰。季风带来的暴雨将您淋成落汤鸡，仿佛您穿着衣服刚从池塘里爬出来一般。而这一切仅仅发生在几秒钟之间。

因此，夏季不能在尼泊尔、锡金或喜马拉雅山南麓徒步旅行。可以选择春季前去，观赏鲜花似海；也可选择秋季，仰望晴空万里。

相反，由于高山阻挡季风，喜马拉雅山北麓以及青藏高原可在夏季前往。这是在拉达克、赞斯卡尔、穆斯塘进行高山徒步游的最佳季节。还可去多尔普或喜马拉雅山北麓的营地。在春季，高原山口的积雪阻碍徒步者的脚步。到了秋天，尽管气候干燥，温度却降到0℃以下。

在高纬度的北极圈地区，从9月到2月，漫漫长夜笼罩大地。去那里徒步旅游没有任何意义。

相反，可以在10月到4月期间去沙漠地带徒步旅行。冬季的气温可能很冷，但肯定会干燥。只有埃及的西奈或阿尔及利亚的霍加尔高海拔山区可全年徒步旅行。地理知识渊博的朋友告诉我，撒哈拉最高的山峰在乍得，海拔高度超过3 000米。那么，夏季前往此地，太棒了！

确实如此，不过，那里的政局不稳，叫人望而却步。

这个世界有点乱。

最后，复习我们在学校的地理课：南北半球的气候是相反的。

法国的隆冬季节，澳大利亚却正值盛夏。还可以去新西兰、马达加斯加、留尼旺岛和南美的巴塔哥尼亚高原，好像错了，巴塔哥尼亚高原终年气候恶劣。

《季节与气候》一书每年再版，按照月份介绍世界各地的天气情况，譬如气温、降水、日照时间等。掌握这些信息，我们就可知晓到哪里去。

我们还可咨询互联网上的相关网站以及旅行社的宣传册。

若旅行社推出某条旅游线路，则说明那里的气候适合前往。

轻装前进

“轻装出发，走得更远。”此话可作为座右铭。一些徒步者想找到适合徒步计划的最佳装备，他们的最后选择就是把背包里的物品减少到最低程度。

关于这一点，没有固定规则，只有个人选择。

互联网上的论坛中有一些徒步旅游心得，他们的经验对于所有徒步者都有帮助。

格斯梅尔（Gossemer）牌背包：116 克，33 升！

徒步者有很多办法来减轻背包的重量，譬如用塑料雨布代替帐篷，用铝箔代替盒盖，缩短睡垫的长度等。

心灵手巧者自己动手，利用易拉罐或罐头盒制作超轻的木柴或酒精炉，利用手杖和小块布料“独家制作”只有 500 克重的帐篷。

所有徒步旅游心得中都介绍了单人徒步旅行必备的器材清单，几乎到了苛刻的程度，譬如在冰岛不能超过 8 千克，不带帐篷在 10 号徒步小道旅行等。

还有很多方法，譬如将茶叶袋、砂糖、粗粒面粉或土豆泥、袋装快餐汤、几块固体酒精都装入易拉罐中，而易拉罐也可用来烧水。

有时，我们只能在轻装出发和不出门之间作选择。不要再说“我要带上这个……这个总会用得着的”，要说“我要看看没有这些东西行不行”。这样，您的背包就会变轻，而非装满。因为对于徒步旅游，“没有什么是必不可少的”。这是轻装徒步的至理名言，古往今来皆如此。

RIP' AIR 牌双人帐篷，960 克。

您若在巴布亚穿越原始森林，便会对此深信不疑。您背负一个沉重的行囊，而他几乎一无所有或拥有一切，那要看人们从何角度看待事物。他拥有在这个宇宙中生存所需的一切。他的辎重只有几克重，卷起放在一件旧 T 恤衫里。

“轻装出发，走得更远”

“没有什么是必不可少的”

确认徒步旅游的可行性

在此阶段应确定徒步计划的重要路段，确认旅途中需要的服务能否到位。

某些公交线路只有在旅游高峰期才开通。在山区，公交车只在假期才开往山村和滑雪站。譬如在科西嘉，3个月的夏天结束后，乘坐公交车去徒步只能是一个幻想。相反，在一些偏远地区，学校接送孩子的校车是唯一可利用的交通工具，但假期不开通。

在暑假和春季大周末，若要得到一个床位，需要提前几个月预订。

然而，在非假期的日子里，您需要确认这些宾馆是否开业。在旅游高峰期前后，一些旅馆老板会带着孩子外出度假。能否预订到旅馆经常是徒步旅游计划的制约因素。若某些地区的旅馆难以预订，可乘坐出租车到另一个地方住宿。

关于徒步线路上您需要的服务，您应该详细询问。许多小村庄的杂货店已经消失。您半路休息的地方有否面包出售？这一切都要考虑在先。

您的行李如何运送到下一个站点？路上能否洗衣和晾晒？路上的水源是可否饮用？这些问题必须解决，因其决定您的旅行的成败。

徒步指南中介绍当地的联系部门，还搜集了一部分信息。

在世界某些地区限制游客数量和线路。应提前向该国管理机构、国家公园或自然保护区的管理部门申请许可。他们会要求您出示保险证明甚至救援押金，有些地区要求您必须携带一些器材，譬如斯匹次卑尔根群岛要求携带枪支，格陵兰岛要求携带无线电指向标。

最后，应避开某些特殊日子，如打猎、竞选或政局动乱。还有旅游高峰期，旅馆和徒步线路上都将人满为患。另外，旅游高峰期的服务和商店的物价也会比平日上涨。

相反，可以把徒步计划安排在当地的文化活动的同期，譬如节日、朝拜、当地的节庆活动等，不过要注意预订旅馆。

大自然的事件也可成为徒步旅游的选择，譬如动物迁徙、动物发情或炫耀期、特殊花卉的花季等。若您对火山感兴趣，并具备一定的安全常识，可去观赏火山喷发的壮观景象。火山喷发通常会延续几个星期。

商标与标签

《法国乡间度假别墅》是一个协会的商标，汇集了众多可预订的乡间别墅。加盟的别墅需完成指定任务，并像旅馆一样，根据其舒适程度分成1、2或3颗麦穗。

其中一些别墅拥有《熊猫别墅》的商标，由世界自然基金会（WWF）颁发。这些别墅分布在景色优美的环境中，并允诺向房客提供望远镜、徒步地图和介绍当地自然情况的图书。《熊猫别墅》坐落在地区自然公园中。

《农家客栈》是农民的团体商标。他们除农业活动之外，还进行旅游业服务，譬如住宿、参观农场和出售自制产品。

《公园接待站》和《自然旅馆》是法国自然公园协会的两个商标。《公园接待》可提供住宿、传授手工技能，还可提供教学、接待参观和陪同徒步服务。

《徒步接待站》是“阿尔卑斯大穿越”协会的商标，可提供各种住宿条件，如别墅（《徒步别墅》）、旅馆（《徒步旅馆》）、野营（《徒步网》）以及有特色的住所（《徒步羽毛》）。他们还向徒步者提供其他业务，如餐饮、洗衣、运输、地图和顾问。

最后，还有一些相关商标，如《绿色钥匙》、《欧洲生态》等。他们的旅馆经过ISO14001认证，在建筑材料、耗电和节水方面严格遵守环保规定。

环保商标说明这些旅馆
是按照环保的理念设计的

徒步者的住宿

露营

露营是指徒步者傍晚安营扎寨，清晨拆营走人。有无帐篷均可露营。法国大部分自然区域内都允许露营，只有地中海地区易发生火灾的区域除外。

某些地区在靠近小路或高山小屋的地带划定了露营区，并安装了干式厕所和防熊安全门。

这种营地方便了单人徒步旅游。徒步者不必携带帐篷，可利用露营地的棚屋。但徒步的线路如果过长，应考虑到露营地可能没有足够的棚屋。

野营

若在帐篷中度过几个夜晚，便称其为野营。在法国很多乡镇中，野营被视为在野外宿营，遭到禁止。唯一的办法就是征得土地主人或管理者的同意。否则，只好去那些安排好的营地，那里有很好的卫生设施，有用餐地方及其他服务。

高山小屋

最初，高山小屋为登山运动员的庇护所。有些小屋由最初的棚屋变成了真正的高山旅馆，提供淋浴、小型宿舍和完全的膳宿。这些高山小屋成为徒步旅游的目的地或路线上的落脚点，譬如科西嘉岛的第 20 号徒步路线和瓦努阿兹的环冰川路线。

高山小屋属于一些协会所有，譬如阿尔卑斯俱乐部协会、多菲内旅游协会等。另一些属于团体所有，譬如乡镇或国家公园。某些高山小屋设备简陋，永远开着门，它们是为一些特殊的日子保留的。因此，必须咨询并预订。

途中客栈

这些住所靠近徒步小路，主要接待路过的徒步者。他们通常提供自主管理的模式，配有餐桌和灶具。有时也提供餐饮和早餐，甚至为顾客准备第二天的野餐。

乡村客栈

这是徒步者可以租用一周的小型套房，适用于家庭或团体旅游。徒步者可以在白天外出，游览当地的山水。通常，徒步者需要驾车前往。

旅馆、客房和借宿

这种住宿方式比较阔气，优点是比较灵活。可以在那里度过一个或几个夜晚，可用餐，也可不用。然而，这种地方不可自己做饭。

您的保险包括徒步旅游吗?

您正确投保了吗?

若您购买了全险,便不会因取消度假而遭受财政损失,行李丢失或失窃的损失由保险公司为您赔偿。此保险还包括急救、医疗、回国和司法援助的费用。

第一个提出的问题肯定是:"您的保险包括徒步旅游吗?"

若有疑问,您只需拨打您的保险公司的电话,问题便迎刃而解。若您的保险合同说法含混,可书面申请一份保证书,说明拨付的款项。可能的话,可协商将保险范围扩大。不要忘记在国外旅游的保险。

若您用银行卡支付旅行费用,某些银行可提供回国保险,但要核实这种保险是否包括寻找和救援。

需要注意的是,保证金并不总是与您实际支付的费用相对等。最低金额为 15 000 欧元。直升机一个小时需支付好几百欧元,很多国家的救援需要付费。

一些保险公司经过协商,联合推出组合保险,但需要具有会员卡。在外国徒步旅游可纳入到此类保险中,但需要特别提出要求。另一些协会,比如泛体育协会、大学协会等,也可提供野外活动的保险业务。最后,"老牌野营者"是户外运动最专业的品牌,通过其加盟的俱乐部推出多种体育活动的保险业务。

专业保险也可为您提供保障。山区旅游的领队和导游享受专业工会为其量身定做的保险合同。他们的客户自然也包括在其保险条款之内。

旅行社有义务向您推荐一款旅行保险:"保险与帮助"。您需要额外支付相当于旅行款 +/-3% 的费用。这种保险合同可任意选择,应与您的个人保险相比较。

这些合同由保险公司根据徒步旅游的特点而制定,完全适用于徒步旅游,且提供 24 小时电话服务。

管理车辆

若驾车出发去徒步旅游,您的车就要在停车场停留几个小时甚至几天。因此,应选择专门停车的场所。若将车辆停放在林中空地或野外,应注意查看此处是否为货场。

不要将车辆停放在森林防火通道旁,农业和森林机械有好几米宽,难免发生刮蹭。森林中的木材装在拖车上,由大型牵引挂车拉出森林。这些车辆可能需要掉头。所以,林中那些半圆形空地是为此而建,通常与森林通道相连。

冬季停车应打开双闪。不要把车停在公路上,因为可能有除雪车经过。

剩下的就是车钥匙问题。若将其带走,则应放进一个不常使用的口袋中,拉上拉链。若装在背包上方的口袋中,可用保险别针将袋口封住。某些背包在腰带处配有口袋,里面有弹簧钩。

也可将钥匙藏匿在汽车附近,可藏在一块石头或树下的青苔下。藏匿地点不要离汽车太远,以免回来时找不到。树与树之间非常相像。不要把钥匙藏在一堆石块中。当您傍晚返回时,光线已经改变。石块与石块难以分辨。最后,若您的徒步旅行过程中需要离开汽车，请考虑好如何存放汽车钥匙。同时，若团队中的某个成员需要离队返回汽车上，应考虑到他如何能找到钥匙。

您与谁出发？

单人出行

奇琪里安小城，时近中午。天气预报没有说天气会好转。坐火车回到格诺布尔，然后再坐公共汽车去维尔科尔？抑或步行穿越高原？无法确定哪一种办法是最快捷的。天空看起来有些转晴。在佩尔－鲁热的牧场，最复杂的路段已经被我抛在身后，云雾也未把我笼罩。稠密的细雨纷纷落下，我的行程败在天气手里。吃了几片饼干，喝了一口水，然后上路，因为天气太冷，无法待在原地不动。

我安慰自己说，在如此天气下，恐怕只有我一个人走在高原的小路上。想到此，我心中窃喜。然而，在一个拐弯处我遇上了一群英国人……

单人徒步旅游不是审慎之举。即使那些对于徒步运动一窍不通的报纸也会提醒我们那些曾经发生的不幸。若出现事故，无人可为您求救。

另外，野外充满危险，不能对手机过于依赖。总之，除非您愿意独自拥有大自然，愿意按照自己的节奏随心所欲，否则，不要单独前往。在高山小屋或途中客栈里，孤身一人的您可能会加入到别的团体中。徒步旅行就是大家团聚的借口。要把您的旅行路线和预计返回的时间告知亲朋好友。

从法国作家希尔万·泰松到意大利登山家雷诺尔德·梅斯纳尔，一些作者尽遣溢美之词来讴歌孤独的徒步者。这种激情的创始人难道不是让－雅克·卢梭吗？

两人出行

为安全起见，两人出行更加安全。不过，若发生严重事故，留在伤者身边还是离开伤者去求救，进退两难。从运输物资的角度来看，两副肩膀更为便利。我们此处不谈夫妇问题。两人徒步旅行也可使多年未见的老友重逢。远离尘世，简单的野营生活，更能增添重聚的快乐。

与路遇的徒步者结伴而行也是一段不错的经历。大家路上相遇，共同走上几个小时或几天。若目的地不同或情趣不投，可以分道扬镳。也许会再次联系，也许永远不会再见。总之，这是生活中的一段小插曲。

团队出行

徒步旅行是团聚的机会，可与家人或朋友一起出行。旅途中可以三五成群，静心交谈。休息时大家聚在一起。团队徒步旅行是非常好的一种集体活动。团队出行也有一些规则，所有人都要步调一致。因此，若每个人都因疲劳而要求休息，则行进速度缓慢，待到旅程结束时，恐怕天色已晚。

因此，制定团队徒步旅行计划时，应充分考虑最弱者的身体情况，譬如儿童和初次徒步之人。若团队中有互不认识之人，应向他们详细说明徒步计划，以确认他们是否愿意参加进来。他们是否做好这种徒步的准备？是否习惯于徒步计划预计的时间？是否习惯于坎坷的旅途？是否患有眩晕症？

关于多日徒步旅行计划中的每一路段的舒适程度，应得到所有人的同意。若允许外部人员加入到团队中，最好在出发前进行一次一日徒步活动，以便大家相互熟悉。

最后需要提醒的是，团队人数越多，惰性越大，特别是途中休息之后再出发和清晨拆除营地之时，大家很难协调一致。遇到艰险路段，应逐一通过。结果，时间会拖得很长。

团队徒步旅游还涉及到一个责任问题。发现问题之后，社会法规总是追究团队组织者的责任。徒步旅游计划的发起者通常是最有经验之人，受过最好的训练，如果有专业人士更好。但是，一旦发生失误，这个发起者就要承担事故责任。团队的人数增加，风险系数亦随之增长。所以，组织团队徒步旅行需要谨慎从事。

参加协会

经常参加协会活动有很多好处。既可与同好之人建立友情，亦可享受协会提供的众多服务。首先，协会组织白天出行，可利用周末或更长时间。还有夏季露营和专项徒步活动。

在协会中，大家可以接受技术培训，也可受到文化熏陶，譬如植物学、观察动物和考古常识等。某些协会还颁发证书，证明您的个人能力和自愿组织徒步活动的能力。某些人经过协会活动的锻炼，自己又变成了协会的培训员。

其他服务可满足您的要求。首先，协会将为您的组合保险与保险公司谈判，使保险合同完全适用于徒步旅游或其他户外活动。俱乐部设有资料中心，经常向成员推荐未来的活动计划。

最后，对于真正的徒步迷而言，很多协会参与徒步小路的养护和路标的设立工作，甚至参与开辟徒步路线的工程。

尽管许多体育协会都推出徒步活动，其中只有法国登山联合会和攀岩协会组织的徒步活动最具专业特点。当然他们也组织滑雪、攀岩和登山活动。法国一半的高山小屋的所有权归阿尔卑斯登山联合会所有。法国徒步旅行联合会的麾下聚集着两千多个俱乐部，他们遍布法国各地。除组织一些徒步活动外，他们还组织大量人力来设立徒步小路的路标，出版徒步指南，为徒步者提供法律保护。

旅行者道德宪章

1977 年，《阿塔兰忒》环游协会、《寂寞星球》旅行社的导游们以及法国专业杂志《高山徒步杂志》、《环球报道》联合在一起，制定了《旅行者道德宪章》。这个文件为旅行者所担心的问题提供了意见和建议。

下面摘录其中几条：

“尊重能为您结交最好的朋友。” 尊重当地居民的传统、文化和宗教。衣服过于紧身、过于暴露（过短和过于开领）或过于松垮都可能引起反感。

“照片并非最美好的记忆。” 在未经允许的情况下，不可给单独的人或村庄拍摄照片或影片。

“我们要特别花时间与当地人交往。” 交往胜过搜集肖像。只有被拍摄者愿意合作才能拍出好照片。

“礼物并不总是最好的帮助。” 要利用当地居民提供的服务，例如洗衣、当向导、做饭、牵骡子、挑担或只是拎行李。这可以给当地经济带来效益，减少乞丐人数。

不要给儿童钱。若赠送礼物或金钱的价值超过当地几个月的工资，这种行为可能起到相反作用。

“纪念品和讲价……” 当我们为购买纪念品而讨价还价时，不要忘记有时这笔钱对于我们是微不足道的，对于收取这笔钱的人来说亦如此。和气生财。

“只留下我们的脚印。” 不要把垃圾留在我们的身后，带走所有可能污染环境的垃圾，譬如塑料包装袋、电池等。离开露营地时应检查是否恢复原样。

“大自然令我们赞叹，我们要尊重大自然。” 若地上有通道、小路或已经踩出的路，建议大家继续使用。

不要搜集纪念品，譬如动物、植物、矿石、化石、火石、箭头等。不要打扰野生动物的生活和日常活动。

“地球、水和火……” 做饭尽量使用煤气，尽量少消耗木材。

若可饮用水源稀少，应节约用水并保护水源的清洁。

在村庄的水井或喷泉取水前，应得到村民的允许。

切莫乱写乱画，切勿留下经久不变的痕迹。

尊重能为您结交最好的朋友

徒步旅游的专业人员

出于对困难的害怕，或者缺少时间，人们可能愿意把组织徒步旅游的差事交给专业人员。旅行社经常张贴假期徒步旅游的计划，由当地陪同人员进行策划。

两人便可成行，某些旅行社可以组织这种“自由行”。他们为我们预订旅馆，负责行李运输，提供徒步线路的全部资料。您应具备阅读地图和按照常见路标行进的能力。您若具备这些能力，便可避开日期和团体的限制。

否则，您若寻找有领队的徒步旅游，您就要参加一个团队，与其他您不相识的人一起挑选一个适合您的行程。需要注意的是，旅行社需要一定数量的参加者才能发团。

然而，若您与朋友或家人自行组团，事情就更加容易了。有一名专业人员与你们同行，可以使你们更好地了解所经过的地区。当出现问题时，他也可立即帮助解决。

在徒步旅游的框架内，主要有三种专业人员：山区领队、高山导游和专业旅行者。

他们不仅了解环境，还具备组织能力。他们会说：“您不要担心，我们来负责一切……”

需要提醒的是，在法国，自 1975 年体育立法以来，国家将体育活动纳入到法律范畴之中。此法颁布后作过若干修正。其主要精神为：“若不具备国家正式证书，任何人不得从事有报酬的体育活动。”

山区领队

他们是徒步专家。国家首先对他们进行安全培训，譬如使用地形图、辨别方向、实施急救等。然后是业务培训，包括对自然环境的了解。所以，领队都是渴望了解大自然的人。

经过培训后，他们怀揣证书，各展所长，成为业内专家。许多人掌握了高超的技能，并拥有观察的器材。从组织潜伏观察动物，到采摘野菜和利用野生植物，他们的爱好如今已成为大众的时尚。

因此，有专业领队的徒步旅游可以让您尽情欣赏大自然的景色，使您对所经过地区有一个全面的了解。另一些专业领队则擅长接待孩子们，带领他们发现大自然，组织夏令营。

具有组织能力的专业领队将是您的好伙伴，帮助您组织长途旅行、高山徒步等活动，为您提供他们那里的所有秘密。

在冬季，他们还能够引导你们在中等高度的山区徒步旅行。

对于居住在滑雪站附近的人而言，穿雪鞋徒步已经成为与徒步同样重要的活动。

高山导游

高山导游必须具有国家颁发的登山二级证书，而山区领队的证书属于一级。因此，高山导游是拥有国家证书的高山领队。尽管他们中有些人出于个人爱好具备博物学的知识，可以组织徒步和高山徒步活动，他们的主业还是教授登山的技术。一旦我们的徒步路线超出土路范围，譬如峡谷、冰川、高海拔地带、攀岩、越野滑雪等，我们便需要高山导游来协助。

专业旅行者

1992 年颁布了关于旅游的法律，当旅行社向游客推荐一揽子服务项目时，该法律制定了保护消费者权益的条例。

如若将两个项目合并，譬如把交通或住宿与徒步旅游合并，必须具备“旅游”资格或旅行社的许可证。许多山区领队和高山导游都通过他们的职业工会获得了这种资格。旅行社的许可证更加昂贵，其要求也更加苛刻，可从事的业务范围也更广。几个热衷于徒步运动的专业人士开办了一个旅行社，向法国和全世界推出了一揽子服务项目。

尽管很多普通旅行社也有此项目，但户外运动专业旅行社更能给您中肯的建议、明确的答复和满足您的期待。

当地旅行社

旅游专业杂志中专栏刊登“小告示”，推荐当地的徒步旅游项目、独立领队或旅行社。在加德满都就有 400 家旅行社！

这些旅行社大部分都在做欧洲大型专业旅行社的分包业务。

那么，如何选择？人们对于旅游的财政和情感投入一直非常重视。身在法国，把自己托付给一个素昧平生的外国人，实非易事，且充满风险。等到发现服务质量令人失望时，恐为时已晚，难以回头。

其他徒步者的推荐可以提供更大的保证。旅行社是否具有现代通讯工具，譬如网址、邮箱、真实地址，而非仅有一个邮编？当您咨询时，他们的回答是否及时，建议是否准确，是否有具体数字？这一切说明此旅行社是否向外国人经营真正的旅游产品。需要注意的是，除北非国家外，旅行社的答复通常使用英语。您还需要选择一些服务项目，譬如导游、挑夫、厨师、接机、订旅馆等。还要针对旅游的组织提出明确的问题，譬如当地的交通、每辆车的人数、旅行社提供的器材。然后，把这些信息与您在法国搜集的信息进行比对。

法国旅行社

从 20 世纪 80 年代开始，几家法国旅行社开始推出徒步旅游项目，如今此类旅行社已有很多。徒步旅游的市场潜力有好几百万徒步者，使得一些普通旅行社也加入到这个行列中来。但是，这些后来者并不设计徒步旅游，他们只是兜售几条专业线路。因此，尽管费用略高，还是找那些户外运动的专业旅行社为好。

最初的几家徒步专业旅行社由酷爱徒步的领队或高山导游开办。这些旅行社依然存在，而且已经发展壮大，其中很少几个已被大型旅游集团购买。如今，他们已经成为真正的中小型企业，在法国的大城市里设立门市。

他们的宣传册上推出几百个不同专题的旅游项目，譬如欧洲游、沙漠游、冬季游、家庭游、自由行、骑马游、山地车游等。

其他一些小旅行社大都分散在各地，为了应付客源不足的问题，他们采取联合组团的模式，推出一些很好的法国旅游线路。

最后，还有一些小型企业网罗了一些真正的徒步迷，组织一些真正意义的主题旅游，譬如沙漠、北欧、观察动物、非洲摄影、火山、探险等。

与当地旅行社相比，法国旅行社的优势就是您可以用法语与人沟通。出现问题时，法国旅行社可以提供真正的帮助，尤其提供众多的服务项目。可以与法国旅行社签订一份“量身定做”的保险合同，在国外出现问题时还可提供帮助。法国旅行社还提供个人档案跟踪服务，为行政手续提供明确的信息。

当然，所有的旅行社都为您提供订购机票业务，这并非一个小问题。旅行社与航空公司协商，他们的机票价格有保障。这种优惠您难以得到。机票的费用可能占到超过一半的旅行费用。若团体旅游，可让旅行社专门安排旅游线路。旅行社有能力在当地做好复杂的后勤工作。每个旅行社都有自己偏爱的线路，他们组织的某些国家的旅游优越于其他旅行社。若一个旅行社在一个国家的旅游项目覆盖了整个国家，抑或这些项目比其他旅行社更具特色，这说明该旅行社在当地已站稳脚跟，并与当地合作伙伴建立了有效的合作关系。

为满足更多客户的要求，旅行社还推出徒步旅游系列项目，可满足每个人的需求。

《行走与发现》指的是驾车一日游或多日游。

高山徒步游以徒步活动为主。在几天甚至 3 周时间里徒步旅游，经常睡帐篷，客栈或借宿居民家中。此类活动主要在欧洲和一些具备这些基础设施的国家，譬如摩洛哥、越南、尼泊尔等。根据海拔高度的变化，高山徒步的难度也有所不同。每天的高度落差、当地的自然条件以及徒步环境的偏僻程度，这些都可影响徒步的难度。有车辆或牲口帮助运输物资和行李。在非常罕见的情况下，别无他法，只好自己携带所有的东西。

最后还有野外旅游，主要为了发现大自然，譬如潜伏观察、火山、植物、天文或摄影等。人们花费大量时间来观察自然现象。

徒步的主题

亲近自然的徒步旅游

若徒步旅游的所有活动都在大自然中进行，其目的便不是出行，而是为了亲近大自然。有些徒步者为了看到北极熊而穿越斯匹次卑尔根群岛。

高山徒步也是为了观察火山。即使埃特纳火山的高空索道为登山提供了方便，其最高峰也在海拔 3 000 米以上。斯特龙博利是一座火山岛，到达山顶距离 900 米，山坡陡峭，极难攀登。至于印度尼西亚的火山，需要两到三天的时间才能到达火山口。

因此，观察大自然并非体弱之人可为。一些活动不需要太多体能，但必须具备面对当地恶劣自然条件的能力。不论观察何种野生动物，总需要早起，并在太阳升起之前进入观察位置，而且还得就地野餐。拍摄野生动物的摄影师们半夜起床，清晨两点出门，为了不被动物发现，不能佩戴头灯。一场漫长的等待开始了，摄影师一动不动地藏匿在观察位置。观察位置通常是一顶迷彩帐篷，其色彩与周边环境相似。摄影器材要具备抗低温性能。

几家旅行社专门从事亲近自然旅游和非洲摄影业务。但在您的周围也有很多环保协会，除为保护环境而斗争外，他们也组织一些实习、单日出游、报告会或放映电影，甚至有一些也组织旅游，但成员都是环保专业人士和积极分子。

若与您周边的环保协会接触，可上网查询法国自然环境网站，上面有全法国的环保协会信息。

与动物一起徒步

狗

人们想到的第一个动物就是狗。狗是人类忠实的伙伴。虽然法律中没有明文规定您必须给狗拴上链子，某些地区却有这方面的硬性规定，譬如某些森林地区在特定时期有此规定。在所有特殊保护区、自然保护区、国家公园或当地政府划定的高山牧场保护区，严禁带狗进入。

不要忘记您的狗是野生动物的捕食者，即使它是世界上最温顺的狗，也可能打扰野生动物。狗也可能给一群马或运输物资的牲口制造慌乱，这是非常危险的。最后，在畜群发生的众多事故中，由流浪狗引发的事故占了很大比例。

狗拉雪橇的驾驶员组织越来越多的雪橇徒步游。带着狗拉雪橇的全副装备，您便可尽享在雪地上飞奔的快乐。

我们既然谈到了赶狗拉雪橇的人，也顺便谈一下狗拉雪橇旅行。这是一项对体能有一定要求的活动，因为上坡时要通过滑行助狗群一臂之力，而下坡时却要时刻踩着刹车。一个普通成年人需要四五只狗来牵引，雪橇上还有物品和食物。汝拉山区、中央高原和维尔科尔高原都非常适合进行此项运动。

运输物资的牲口

在人们的印象中，徒步者汗流浃背，被沉重的背包压弯了腰。在某些地区，除了自己背负所有物资，别无他法，譬如北极地区、美洲西部、澳洲荒漠等。盎格鲁－萨克逊人称其为“背着背包旅行”。

相反，乡下人有利用牲口驮运各种物资或行李的传统。如今，在远离公路的偏远山区，那些高山徒步旅游者依然大量使用这种运输方式。牲口和赶牲口的人背负着沉重的行囊，里面有厨具、帐篷和旅游物资，还有旅行袋。这样，高山徒步者便可以轻装前进了。

几年来，我们的一切物资几乎都由汽车来运输，一些动物由于没有用武之地而面临消失的危险，一些喜欢动物的人寻求保护它们的方法，建议利用这些牲口为高山小屋运送补给。

由于身材和体重的原因，这些牲口不易驾驭和照料，譬如中亚和沙漠地区的骡、马和骆驼。还有一些动物，譬如羊驼，由于性格复杂也难以操控。

这些牲口必须由它们的主人驾驭，或者由非常了解牲口习性的专业高山领队来掌控。正如英国探险家哈罗德・蒂尔曼所言：“牵骆驼的人有一个想法，而骆驼也有自己的想法。”

驴

在托运物资的牲口中，驴有一个特殊地位。几年来，一些个人和团体联合在一起，为这个经常被人嘲笑的动物正名。与人们心中的形象相反，驴是一种聪明温顺的动物，易于驾驭，可以交给那些完全不了解动物的徒步者来使用。一个租用驴的网络遍布法国。在某些高原地区，几百头驴可供徒步者使用。

一头驴可负重40千克，即4个徒步者的行李之和。另外，还要学会如何正确安装驮鞍。实际上，与所有牲口驮鞍一样，保持两侧平衡是至关重要的。否则，驮鞍就会脱落。您的物品都装在驮鞍两侧的口袋中，起到保护作用。因为驴对它负载的东西没有意识，一旦背包被树枝挂住，驴就会使劲拽，这样就可能扯破您的背包。

牵骆驼的人有一个想法，而骆驼也有自己的想法。

跟儿童一起徒步

所有热爱徒步的夫妇早晚有一天会遇到这个问题。有了孩子以后，难以从事自己热爱的运动。

从年轻时候开始就要进行适应性练习，或从“推着童车”徒步开始。

法国德隆地区议会刚发行了一本小册子，介绍带着孩子徒步的线路。一些童车厂商也推出了新款产品，利用山地车的轮胎制作了三轮车。

这种三轮车可以轻易爬上人行道，车上还有一个大口袋，可以装婴儿用品。

有些路线过于艰难，不适合儿童。儿童太小时无法用语言表达他们的不满。很明显，我们第一，甚至也是唯一需要关心的，就是我们的后代。不要忘记婴儿的全套用品：奶瓶、尿布、点心等。

婴儿在童车里基本不动，所以对寒冷更加敏感。

应注意给孩子穿好衣服，手套、软帽、厚袜子和羽绒服。若天气太冷，散步时间不要超过半小时，而且要选择晴朗干燥的天气出门。若气温在0℃左右，天气晴好无风，散步时间可适当延长。

若天气炎热，外出时一定要戴帽子，涂抹防晒霜。童车上最好装一个遮阳棚。要注意孩子的脱水情况，经常给孩子饮水。不论冬夏，一定要佩戴太阳镜。要注意防止孩子摘下眼镜或丢失在野外，而这并非易事。

孩子长大一些后，可放在婴儿背座里，因为孩子也可以自己在路上蹦跳玩耍。前面关于“推着童车徒步”的注意事项也可用于此处。不要忘记孩子在背座里，两条腿是不动的。当温度为零下的时候可能发生肢体冻伤。此类惨剧已经发生过。冬季严禁带着儿童徒步旅游，散步几分钟足亦。

孩子长到 7 岁，身体发育程度可以让其参加徒步旅游。

一天最多行走 3 到 4 小时，因为儿童与成年人不同，他们很快就会疲劳。应经常休息，吃些点心，喝点水。

孩子体力恢复的速度是惊人的，稍事休息就又精神十足，若几个孩子一起徒步，他们很快就会玩耍起来。因此，休息时间应缩短，避免孩子因玩耍消耗更多体力。3 个小时的行程，每个小时两到三次短暂休息，午饭前一次长休。以这样的节奏行进，可进行多日徒步旅游，并注意保证睡眠。

最难的是如何动员孩子们向前进。可利用他们的好奇心，若他们停下脚步观看一朵鲜花、一个蚁穴或奶牛，不用阻拦。可利用讲故事和唱歌来转移他们的注意力。

一路上，孩子们对于景点和遗址的兴趣超过大人，他们会流连忘返。而成年人则更为迤逦的风光所打动。准备一些饼干、糖果和水。

多讲故事，多唱歌。

为方便装载驮鞍和保持平衡，提出以下几条建议：

- 避免使用背包，背带和腰带占据很多空间。不要使用硬壳背包，因其体积过大，可能无法放入驮鞍的口袋中。最好把物品分放在几个小口袋中，便于寻找驮鞍平衡。
- 利用几个塑料瓶装水，若驮鞍出现失衡，可将一瓶水放到另一侧，以保持平衡。
- 若驮鞍一侧口袋偏重，可在另一侧的口袋中放一些石块。

驴的回归也由于它可以驮运儿童。父母们为又可以徒步旅游而欢欣鼓舞。他们的孩子可以跟他们一起徒步旅游了。

但这里需要提醒几点：

最初几天，孩子们可能害怕驴，拒绝爬上驴背。应考虑给孩子几个小时的适应时间，让孩子自己步行一段路程。准备一个儿童背座，以备孩子坚持不肯坐在驴背上。当孩子坐在驴背上，父母应格外注意。任何时候不要松开缰绳。一个大人走在队伍前面，在遇到另一个徒步团队、羊群或一条狗时，可避免驴受到惊吓。

小孩可能在驴的步伐摇晃中昏昏入睡，可能发生坠落。徒步旅行中也可能发生孩子间的意见冲突。一个不愿意让座，其他孩子却强烈要求上来。

带孩子徒步旅游时，解决此类问题的最佳方法就是让驴仅仅驮运物品。

应根据孩子的特点选择徒步路段的长度。

驴帮助您踏上全家徒步旅行之路，您也可以跟孩子吃第一顿野餐。只要有驴，只要把牵驴的任务交给孩子，他们就会劲头十足地向前走。

若由孩子牵驴，孩子应走在驴前面给驴带路。不要让孩子把缰绳缠绕在手上。不要把驴包围在中间。一头驴体重至少 150 千克，它可能轻易撞倒一个孩子，也可能踩到孩子的脚，或将孩子卡在驮鞍口袋与一棵树之间。若租用好几头驴，则要更加小心。

有了驴驮运行李，徒步旅行更加便利，但由此也带来了新的问题。越来越多的徒步者借助于这种新的自由，进入到一些区域，与那里的环境形成矛盾。因此，在维尔科尔高原自然保护区，专门为进山放牧的羊群准备了饮水槽，驴就在那里饮水。越来越多的徒步者在自然保护区里野餐，一些人缺乏环境保护意识。保护区的警卫人员看到有人在严禁烟火的地区生火，不禁为之痛心。保护区的管理者不得不印刷一些行为准则，让出租驴的业主分发给他们的客户。

做好身体和技术的准备

保持身体素质

不论何种体育运动，人人都想通过训练来提高体能。因此，滑雪运动员在夏季通过轮上滑雪或轮滑来保持身体耐力。徒步运动亦然如此。因此，徒步的最佳锻炼手段就是步行。我们将作进一步说明。

我们先谈谈训练计划。若您在冬季没有徒步，那么，您需要重新开始，并逐渐加大运动量。最初的几次徒步，不要选择高低落差很大的陡峭山坡，徒步距离不要太远。同样，若您计划假期到尼泊尔徒步旅游，那么出发前的几个月您就要进行适应性训练。重要的是让您的两条腿适应这种长途跋涉。您是否经历过一个阶段徒步 7 到 9 小时的强度，而且连续数日？若情况并非如此，您的假期会无功而返。有些徒步者很长时间内都未进行徒步运动，如今想重新开始。还有一些 40 岁以上的人，平时没有经常运动，他们也想参加徒步旅游。建议这两种人去咨询一下医生的意见。50 岁以上的人只要做一下体能测试便可清楚地了解其体能极限。

改善身体耐力

通过徒步来锻炼身体，说来容易，日常生活给我们留出的闲暇时间很短，无法实现。因此，需要找到一种有效的锻炼方法。最简单和最有效的方法就是跑步。每天跑半个小时到一个小时已经很好。自行车也是很好的方法，但需要骑行 3 或 4 小时。

不需要器材，也不需要专业知识，您只要能以合理的速度跑上一个小时，就可以进行“自然间距”的训练。选择一条散步小路，路上要有小山坡、一段平地和下坡路段。上坡路段您需要付出更多体力，平地路段可以使您恢复体力。显然，若您利用这样的路线进行训练，您会更快出现疲劳。在一个小时的训练过程中，利用一刻钟在平地路段热身，一刻钟爬坡，最后半小时慢跑，用以恢复体力和放松肌肉。

某些跑步杂志推荐一些长跑训练计划。若这些建议可以教您跑得时间更长，并给您带来快乐，那您就听从这些建议。互联网上有一些跑步的网站，向您推荐一些个性化的训练方案。

您也可在您的城市参加一个健身俱乐部，请体育教练给您建议。经过几次训练课后，他便可以给您推荐几种锻炼耐力和肌肉的方法，并让您使用体育馆里的器材。您可以在跑步机上跑步，或利用划桨机和模拟自行车进行锻炼。

这些器材的特点是可以精确设定训练强度，器材上有计时器，帮助您计算达到某种训练强度的时间。不过，需要注意的是，您所锻炼的肌肉群应该是徒步运动所需要的。与健身专业人员讨论，您会得到很好的训练方法。

做一个简单的测试，便可了解您的进步，还可了解您体力恢复能力的改善状况。您需要了解休息时的心跳节奏。运动后立刻在手腕处把脉。1 分钟后再检查。然后，过 5 分钟后再查。体能越强，运动后心脏恢复平时心跳速度的时间就越短。

越野徒步是一种利用手杖行走的运动，非常适用于锻炼身体耐力。手杖也可用来锻炼身体的柔韧性。因此，这种运动可以全面锻炼身体素质。为提高体能，越野滑雪者创建了这项运动。为保持身体的良好状态，登山运动员每天利用各种运动进行体能训练。您不要什么都做，跑步、游泳、健身房和徒步越野已经足够。

锻炼肌肉

应主要加强大腿四头肌和腓肠肌的力量。利用健身房的器材进行肌肉锻炼，可以检测锻炼效果。健身教练的建议也可帮助您进行针对性的训练。建议进行中等强度的体能训练。

若不想去健身房锻炼，可背负沉重的背包攀爬陡坡，甚至跑步。也可跳跃障碍，譬如长凳、一摞书、一堵矮墙等，如果可能，负重跳跃效果更佳。当然，还可以像攀岩运动员和登山运动员一样，爬楼梯锻炼体能。

高强度肌肉锻炼之前，跑步一刻钟来热身。肌肉力量加强了，长度就会缩短。可练习盘腿坐，这对于徒步中的野餐很有用。每次训练课后，至少留出一些时间恢复体力，放松紧张的肌肉。

肌肉放松都是被动进行的，通过体重和缓慢渐进的拉伸使肌肉松弛。切不可动作突兀。

拉扯脚尖可放松两腿后面的肌肉，方法是将腿绷直或把脚尖放在台阶上，脚跟在下。

放松大腿肌肉时，可单腿站立，另一条腿向后弯曲，用手拉扯脚尖，脚跟朝向臀部。

徒步后的体力恢复

徒步结束后，尽可能换掉潮湿的贴身内衣，将其晾干。立刻穿上另一件干爽的内衣，以免着凉。运动结束后是放松肌肉的最好时机。

及时饮水，缓慢，小口，不可狂饮。饮用1升水或药茶即可。茶水和咖啡具有兴奋作用，睡眠不好的人应慎用。睡前可做肌肉按摩，以提高睡眠质量。

这些措施可帮助徒步者恢复体力，减少肌肉酸痛。

做好应对困难条件的准备

狂风暴雪，云雾笼罩，能见度只有几米，这就是冬季的徒步条件。一个孜孜不倦的徒步者早晚会遇上这样的天气。恶劣天气突然而至，令徒步新手心惊胆战。然而，可以通过各种训练提高适应恶劣条件的能力。

寒冷

没有秘诀，耐寒能力的培养就要挨冻。不论专业登山运动员还是业余爱好者，入冬以后在阳台上野餐。也可脱掉手套，让手逐渐适应寒冷，时间逐渐延长。还有徒手打雪仗或少穿衣服在户外短时间停留，但是要确保回到室内后能够取暖。还可坚持经常用冷水洗手和脸，冬季也不例外。

耐寒训练不能储存，每年必须重新开始。每人都会发现，人在 10 月和 11 月感觉比数九隆冬还冷，可温度却是相同的。

我们观察那些等待出发的滑雪者，他们身着单薄的滑雪服，身体不停活动，活动胳膊、蹦跳、碎步小跑等。向他们学习，野餐时不要坐下。总之，面对寒冷就要不断活动。

恶劣天气下如何辨别方位

徒步时总有一天会遇到浓雾，我们可以提前有所准备。训练在能见度很低的条件下辨别方位的能力，首先应该在夜里徒步。其中有两种选择。

没有灯光，眼睛为适应黑暗瞳孔放大，可看得更远，但无法看清地图。周围模糊不清，路况不熟，应做好面对孤独的心理准备。

戴头灯，可看清前方光环中几米远的物体。瞳孔见光而收缩，无法看得更远。可看清地图和指南针，可利用它们继续前进。

下一阶段的训练是如何面对云雾。可通过晴天雾天交替的方式进行训练，出发前，选择一个有雾的天气进行适应性训练。选择一条比较安全的路，路上没有岩坝、深坑、湖泊、大河或其他危险地带。道路前方有一个明显的参照物，譬如公路、铁路、森林边缘等。训练结束后，利用指南针很容易能够找到这个参照物，以便顺利回到出发地点。在无法确定的区域，您只有自己确定一个参照物，按照您设定的线路进行训练。

遇到极其恶劣天气，譬如暴风雪，勇敢前进，但需要格外小心。遇到暴风雪时，北极探险者刚走出帐篷几米远就迷失方向了。严寒肆虐，戴着手套的两手几乎冻僵。风帽遮挡了视线，无法把地图从口袋中取出，狂风会将其撕碎。设定好路上的参照物，不要离开城市太远。团队成员不要走散。初次训练的范围不要超过方圆 500 米，训练时间不要超过半个小时。

野外生活

不论在法国还是外国，若不熟悉野外活动，在制定高山徒步计划之前，应做好野外艰苦条件下生活的准备，因为每个夜晚都要搬迁。

一个旅行袋里装的是野外生活几周的必需品。这些物品应摆放有序，便于夜晚使用，清晨收纳。

在某些地区，住帐篷的时间可能相对较长，也许您会与一个素昧平生之人同住一顶帐篷。

旅行社的标准是提供一顶三人帐篷，供两人使用，还有一个睡垫。要适应在 1 米宽 2 米长的空间里共处。因此，即使把旅行袋放在帐篷后室里，也无法完全伸展四肢。

因此，人们大部分时间生活在帐篷外，经常坐在地上。

日常生活的每个细节都要考虑到，譬如找水、洗漱、做一顿便饭或大小便，不能给环境留下任何垃圾。

若您不具备这种生活经验，应逐渐加以训练。首先从几日的徒步开始。尽管您对高山越野徒步垂涎已久，但第一次出行不能选择 19 天穿越塔曼拉塞特－贾奈特高原，也不要在桑嘎尔高原度过 22 天帐篷下的生活，因为您还要面对高海拔路段的困难。

我之所以对您这样讲，因为我已见过一些缺乏经验的野营者和那些不适合越野徒步的人。世界上最好的准备也永远无法代替个人的认真准备。

世界上最好的准备也永远无法代替个人的认真准备。

在国外徒步

不管在法国还是在外国，徒步的方法有多种多样。可以一个客栈为中心，徒步线路呈放射状展开。也可线性推进，一个客栈接着一个。还可自由徒步，在野外过夜。

若在野外过夜，可以自己背负所有行李，也可利用车辆、牲口或挑夫来运输。

在国外徒步旅游最大的不同是携带行李的重量，不能超过航空公司的限定，并提前做好行政审批手续。

在机场

传统的纸质机票几乎已经消失，代之以电子机票。您会通过信件或邮箱收到一张纸，上面有您的出行计划，譬如机场名称、航班时刻、经停机场、航班号码等。还有一个号码，您可以利用此号码在一个自动售票机或航空公司的柜台上直接领取登机牌。

团队的物资、帐篷、药箱、不易变质的食物都要托运，以团队的名义托运是非常重要的。出国徒步者中很少有人期待着舒适的生活条件，因此也不会携带达到航空公司规定极限的行李。个人剩余的份额加在一起，可以托运团队的共同物资。

在运送行李的传送带上，箱包要经过很多转弯，经受严峻考验。把背包的背带和腰带扎紧或拿掉。也可将背包装在一个保护袋中。

护照应随身携带，还要准备一支笔，以备过海关时填写入境卡等手续之用。

材料和行政手续

您需要提前准备：

- 护照和入境签证。注意，在大部分国家，护照应在入关后 6 个月内有效。
- 机票。
- 护照前 4 页的复印件，一旦丢失可作为身份证明。
- 国际驾照和一份复印件，以备租车之用。

关于您的健康和安全：

- 适于旅行目的的急救包。
- 您的过敏源的清单以及药箱中药品的使用说明。
- 将您身体可能发生的健康问题至少告知团队中的一个人。
- 您的血型卡。
- 您的接种疫苗证书（若您进入的国家有此要求）。
- 您的保险公司的电话号码。
- 确认您的保险和救援涵盖了您所去的国家。
- 您的网络信箱的密码。
- 把这些信息留给您在法国的一个可信任之人以及领队。

世界各地的徒步目的地

阿马萨利克岛(格陵兰岛)
高山徒步自由行。
超出徒步线路之外的徒步难度很大。
15 天。

兰德玛纳尔罗根(冰岛)
放射状徒步线路,小路以外。
困难。
一周自由徒步。

穿越摩洛哥高山
发现一个徒步国家。
困难。
19 天。

马德拉岛(葡属)
夜宿客栈,放射状徒步线路或穿越。容易。

多岩石的高山
加拿大班夫国家公园和贾斯珀。
一日徒步或在有路标的小路上巡回徒步。
从容易到相当容易(负重)。
可单人徒步。

西太平洋,特雷尔。
从加拿大到墨西哥,神秘的线路。
徒步自由行,4~5 天。
高度差 4 300~10 000 米。
5 个月。

西部沙漠
科罗拉多、阿尔克峡谷、锡安山、弗德台国家公园……
一日徒步或在有路标的小路上巡回徒步自由行(5 天)。
从容易到相当困难(负重)。

科迪勒拉山(秘鲁)
全部高海拔路段。
骡子驮运。
比较困难,可接触安第列斯
6 000 座最美的山峰。

阿塔卡马沙漠(智利–玻利维亚)
一日徒步,有汽车运输。
高原地带徒步,寒冷,经常刮风。
组团困难。

环托雷斯德尔佩恩国家公园徒步游(智利)
巡回徒步,有时在小路上徒步。
比较困难(负重)。
可一日徒步。
组团困难,但可单人徒步。
一周。

多贡地区(马里)
发现一个民族。
野营。
可在当地组团。
15 天。

罗弗敦群岛(挪威)
放射状徒步线路或夜晚穿越,夜宿客栈、山区小屋和宾馆。
小路之外徒步。
比较困难。
15 天。

克里特岛
海边巡回徒步。可单人徒步。
容易。
一周。

埃特纳火山和伊奥利亚群岛
一日徒步。
可单人徒步。
容易。
一周。

佩特拉和瓦迪拉姆(约旦)
小路以外容易徒步,山区。
可单人徒步。

穿越扎斯卡(印度)
保护区内神奇的高山徒步游。
因高海拔而困难。
住帐篷。
旅行社组团。
20 天。

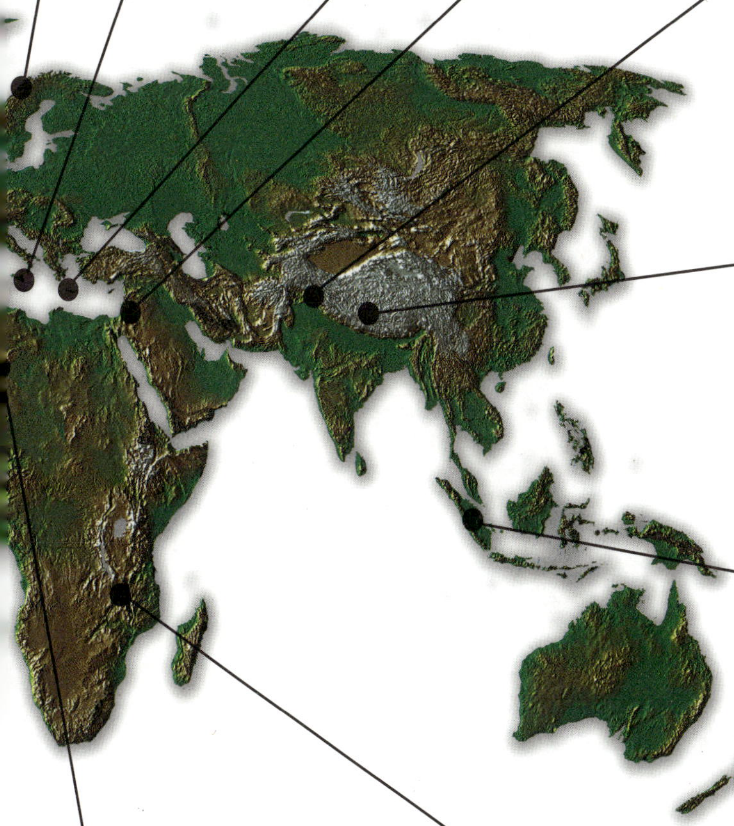

安纳布尔纳峰和喜马拉雅营地(尼泊尔)
神秘的高山徒步游,人数很多。
景色美轮美奂,变化万千。
由于高海拔而徒步困难。
小路状况良好。
可住客栈小屋。
可单人徒步。
15 天。

攀登印度尼西亚火山
一日徒步或巡回徒步。
可由当地旅行社组团。

乞力马扎罗(坦桑尼亚)
巡回徒步,6 天。
困难,高海拔(几乎 6 000 米)。
挑夫运送行李。

塔曼拉塞特-贾奈特高原(阿尔及利亚)
骑骆驼长途旅行,困难,22 天。
最著名的穿越撒哈拉沙漠旅行。
旅行社组团。

实用信息

联合会

法国徒步联合会(F.F.R.P.)
64, rue du Dessous des Berges 75013, Paris
电话:01 44 89 93 90

一般信息

www.accompagnateurs-en-montagne.com
www.camptocamp.com
www.gites-refuges.com
www.ign.fr
www.meteo.fr
www.parcnationaux.fr
www.parcs-naturels-regionaux.tm.fr

书店和旧书店

www.auvieuxcampeur.fr
www.expe.fr
www.gaia-store.com
www.grenoble.privat.fr(Arthaud)
www.racontermoilaterre.com

杂志

www.expemag.com
www.rendobalades.fr
www.roadbookmedia.com
www.trekmag.com

其他有用的链接

www.anesetrando.com
www.la-rando.com
www.meteoconsult.com
www.netrando.fr
www.randonner-leger.org

地区信息

阿尔卑斯地区:www.grande-traversee-alpes.com
布列塔尼地区:www.rando.abri.free.fr
汝拉山区:www.gtj.asso.fr
中央高原:www.chamina.com
比利牛斯山区:www.rando-pyrenees.net
维尔科尔地区:www.vercore-gtv.com

旅行网站:

www.allibert-voyages.com
www.atalante.fr
www.arcanson.fr
www.chamina-voyages.com
www.cheminsdusud.com
www.clubaventure.fr
www.grandangle.fr
www.labalaguere.com
www.nomade-aventure.com
www.terdave.com
www.vagabondages.com
www.visages-trekking.com

作者与出版社感谢:

-AKU、LEKI、TATONKA、O2D、PTZEL、I.G.N.、BAYO 公司提供可视资料;
- 法国徒步联合会的友好合作;
《G.R. ®》、《GPR ®》、《GR de Pays ®》、《PR ®》和《TopoGuide ®》商标为法国徒步联合会法定财产。

照片说明

除下列照片外,所有照片均为埃里克 · 沙龙和菲利普 · 布莱拍摄:

p4, p6, p57, p101: Leki; p11, p29, p44, p58 下, p66 中, p80, p82, p88–89, p104, p108, p174, p188: 费尔南多 · 费雷拉; p20, p56–57, p84–85, p120: 菲利普 · 罗耶尔; p21, p22–23: 阿库; p21 下, p32–38, p41 下, p42, p46–47, p49, p50–51,p55, p59, p62–63, p77 上, p81,p115: 塔冬卡; p24, p40 下, p53 下 ,p54 下 ,p85 上, p109, p114, p141, p168 下, p197: 布鲁诺 · 波西罗; p26–27, p39 下: 米耶; p30–31, p33, p34 下, p48, p54, p55, p59 上, p60, p64, p74–75, p77, p83 右下, 90, p101, p106–107, p110, p111, p112, p113, p118, p119, p121, p123, p124, p125, p128, p129, p132–138, p140, p142–144, p146–147, p149, p151–156, p159–162, p167–173, p176, p178–181, p189, p192, p202, p213: 弗托利亚; p40 上: 弗雷德 · 拉博鲁沃; p43 下, p83, p96–97, p102, p148, p195, p201: 纪尧姆 · 拉杰; p58: 贝兹勒; p65, p67, p69, p70–71, p73, p94: 国家地理学院; p68, p92, p94 上: 巴约; p164–165:F.F.M.E.– 图片; p186: 帕特里斯 · 高贝尔。

P12, p15, p17,p41, p50–51, p52–53, p61, p62 上, p76–77, p93, p95,p157, p194, p196 : DR

作者感谢：

首先，感谢陪伴了我 20 年的女伴玛丽，她一直支持我的计划，并给予我旅行和徒步的自由。她陪伴的不是海员，而是登山者。但有时更辛苦。我在电脑前多少个夜晚写出的文稿，在我出门的日子里，都是她帮助我整理。

我借用马克西姆 · 勒夫莱斯捷描写旅行者的孩子等待父亲归来的诗句，感谢阿努克和吉安：

“一条木船把爸爸带到了地球的那一边，他将给我带回一个玻璃球和一只蚕。”

感谢弗雷德里克 · 福尔和克里斯多夫 · 勒赛尔瓦奇埃，以及所有 Atalante 制作团队的领导：卡特琳娜、让-菲、菲利普、迪迪埃、桑德丽娜、贝尔特朗和玛丽。他们信任我，让我带领徒步团队走遍世界美丽的地方，甚至那些鲜为人知的土地。

感谢《滑雪杂志》的吉尔 · 萨帕兹、维罗尼克 · 布托和米里亚姆 · 克尔努，《自由的多菲内》的伊万 · 佩雷，他们在写作和摄影上给了我很大帮助。

感谢维尔科尔的所有伙伴，他们酷爱自然，意志坚定，慷慨大度，为实现地区自然公园的格言而努力奋斗：“让另一种生活在这里开始吧！”

图书在版编目（CIP）数据

徒步旅行指南：从新手到高手的权威建议/(法)埃里克·沙龙著；柳玉刚译. —上海：上海科学技术文献出版社，2012.1
ISBN 978-7-5439-5128-0

Ⅰ.①徒… Ⅱ.①埃… ②柳… Ⅲ.①步行—旅游—指南
Ⅳ.①G895-62

中国版本图书馆CIP数据核字(2011)第256349号

Toute la randonnée
by Eric Charron

图字：09-2011-032

责任编辑：张　树
封面设计：周　婧

徒步旅行指南——从新手到高手的权威建议
[法]埃里克·沙龙　著　柳玉刚　译
出版发行：上海科学技术文献出版社
地　　址：上海市长乐路746号
邮政编码：200040
经　　销：全国新华书店
印　　刷：上海海红印刷有限公司
开　　本：787×1092　1/16
印　　张：13.75
字　　数：275 000
版　　次：2012年1月第1版　2012年1月第1次印刷
书　　号：ISBN 978-7-5439-5128-0
定　　价：58.00元
http://www.sstlp.com